まずは3店舗の姿勢ではじめる

小規模フランチャイズ展開の教科書

店舗ビジネス専門コンサルタント
株式会社 常進パートナーズ 代表取締役
髙木 悠

自由国民社

はじめに

本書は、企業が「**フランチャイズシステムを小規模に活用して、不確実性の高まる現代において事業を継続・拡大させていくための方法**」についてまとめた実務書です。最大の特徴は、**多くの中小企業が実践できるよう「フランチャイズシステムを〝小規模〟に活用していく方法」に特化して書いている点**です。

私は、自らが大手外食フランチャイズチェーンに勤務し、店舗ビジネスやフランチャイズシステムの現場に深く関わってきた経験から、飲食店、整体院、美容院といった「店舗ビジネス」の「多店舗展開」をサポートする専門コンサルティング機関を設立しました。

主に店舗ビジネスを営む企業に対して、本書のテーマである「フランチャイズシステムの導入」や「21世紀型のれん分け制度作り（会社が社員の独立をサポートすることによって、会社の発展と社員の自己実現の両立を目指す仕組み）」など、多店舗展開を進めていく上で必要となる仕組み作りをサポートする仕事をしています。

具体的には、これまで私が20年以上店舗ビジネスに携わり、500社以上の企業支援を実施してきた経験を踏まえ、次の5つの視点から体系化した「多店舗展開のノウハウ」に基づく企業支援を行っています。

1．経営計画の策定&共有

会社の経営理念やビジョンと保有する資源、外部環境の動向を踏まえ、企業が中長期的に経営を持続・発展していくための経営計画を策定するとともに、その内容を全社員が共有し、一丸となって目標達成に向けて取り組むこと

2．キャリアパスの整備

会社の経営計画実現に貢献した社員が、会社で働くことで実現できるキャリアアップの道筋を明確に示すこと

3．評価システムの整備

経営理念やビジョン、経営計画に基づき、会社が各社員に求める資質や能力の基準

を明らかにし、各社員の知識やスキル、仕事に対する姿勢を適正に評価すること

4．教育システムの整備

各社員の知識やスキル、将来目指すキャリアビジョン等を踏まえ、それぞれの社員に適した教育を行っていくこと

5．フランチャイズシステムの導入

他人資本を活用した店舗展開手法であるフランチャイズシステムを導入することで、経営リスクを抑制しながら多店舗展開を進められる体制を整えること

また、本書のテーマであるフランチャイズシステムとの関連でいうと、私自身がある ヨガスタジオフランチャイズチェーンの加盟店第1号として加盟した経験があり、現在、一人のフランチャイズ加盟者としてヨガスタジオを経営しています。

本書は、次のような想いを抱えている経営者のために書きました。

「今よりも、もっと多店舗化を進めたい！」
「小規模フランチャイズシステムを活用したい！」
「本部と加盟者のＷｉｎ－Ｗｉｎの関係を実現したい！」

詳しくは本書でご説明していきますが、**不確実性の高まる現代において、店舗ビジネスを営む企業が事業を継続・拡大させていこうと考えた時、「フランチャイズシステムの活用」は極めて有効な選択肢**となります。

そして、そのことに気がついた企業経営者からの「フランチャイズシステムを活用したい」という弊社へのご相談は、ここ数年増加の一途をたどっています。

しかし、これまでフランチャイズシステムは、「スピーディーに多店舗展開を実現するためのツール」として論じられることが大半で、数百、数千店舗超の店舗展開を目指すことが常識とされていたように思います。

その結果、
「うちみたいな規模の会社では無理かな……」
「数百、数千店舗と規模を拡大したいわけではないんだよな……」

等といったように、フランチャイズシステムに興味はあるにもかかわらず、導入を諦めてしまっている企業が多く存在していたのです。

たしかに、他人資本を活用して店舗展開を進めていくフランチャイズシステムを活用すれば、スピーディーに数百、数千店舗超の展開を実現することも可能です。

しかし、フランチャイズシステムを活用するからといって、必ずしも数百、数千店舗超の展開を目指さなければならない理由はありません。

なぜならば、フランチャイズシステムはあくまでツールであり、ツールを使って実現したい姿は、それぞれの経営者が決めるべきことだからです。

そして、小規模にフランチャイズシステムを活用するのであれば、現在の会社規模はそれほど関係ありません。

たとえ現時点で1店舗のみの経営状態であったとしても、最低限の条件を満たしてさえいれば、フランチャイズシステムを導入することはできるのです。

そこで、一社でも多くの店舗ビジネスを営む企業に、「**不確実性の高まる現代にお**

いて事業の継続・拡大を実現するためにフランチャイズシステムを活用してほしい」との想いから、私がこれまで経験してきたことや目にしてきたこと、考えてきたことを1冊の本としてまとめました。

本書の内容が、店舗ビジネスを営む企業経営者の「夢の実現」に少しでもお役に立つことができたら幸いです。

目次

第2章 本部にも加盟者にも、小規模展開には「得」がたくさん！

第3章

加盟店が成功を再現できるように、「成功の仕組み」をパッケージ化

第5章

第1章

「まず3店舗」の姿勢で始めれば、今のスタッフだけでも対応できる！

店舗ビジネスの事業拡大には、「多店舗展開」が避けられない！

私は、飲食店、整体院、美容院といった店舗ビジネスの多店舗展開をサポートする専門コンサルタントとして、店舗ビジネスを営む企業に対して、本書のテーマであるフランチャイズシステムやのれん分け制度の導入等のサポートをする仕事をしています。

なぜ、あえて「多店舗展開のサポート」に特化しているのかというと、これまで500社超の企業支援に携わる中で、**店舗ビジネスを営む企業が事業を拡大していくことはもちろんのこと、中長期的に事業を継続していく上でも「多店舗展開」が不可欠であると**考えるに至ったからです。

店舗ビジネスでは、店舗サイズや導入設備、商圏の規模等に応じて店舗毎の受け入れ可能な顧客数に上限があり、**「1店舗で生み出せる売り上げに限りがある特性」**があります。

一定水準の売り上げを超えると、それ以上は店舗を増やさない限り売り上げを伸ばすことができないのです。このことは、店舗ビジネスを営んでいれば容易にイメージがつくかと思います。

しかし、このこと以外にも、店舗ビジネスを営む企業が事業を継続・拡大していくために「多店舗展開」が避けられない理由があります。

その理由は次の通りです。

1．店舗を増やさなければ社員のモチベーションを維持できない

戦後の高度経済成長期を経て、日本経済は成熟化し、経済成長は鈍化しています。各企業が限られたパイを他社から奪い取るために熾烈な競争を繰り広げる時代となりました。

また、競争環境が厳しくなったことに加え、情報化の進展や技術革新等の影響もあ

って、企業が新しい商品・サービスを開発・導入しても、すぐに競合他社から真似されてしまうなど、近年、あらゆるビジネスにおいて商品・サービスの同質化が進んでいます。

結果、「他のお店では取り扱っていないオンリーワンの商品・サービス」を提供しているお店は、極めて稀な存在となりました。

みなさんの事業においても、同じような商品・サービスを提供している競合店が存在するのではないでしょうか。

もはや、商品やサービスそれ自体で競合他社と差別化することは、非常に難しい時代といえます。

そして、商品・サービス単体での差別化が難しくなる中、店舗ビジネスにおいて競合他社との違いをつくるポイントは、「**商品・サービスを提供する働き手のあり方**」によるところが大きくなってきています。

飲食店を例にすると、顧客に「**同様の料理は他のお店でも食べることができるけれ**

ど、あの人のサービスを受けたいから●●に行こう！」と感じてもらえるかどうかが、勝負の分かれ目となっているのです。

そのため、今後、店舗ビジネスで事業の継続・拡大を目指そうと考えるのであれば、働き手の意欲と能力を最大限に引き出し、「商品・サービスを提供する働き手のあり方」、つまり「人の魅力」で他店との違いをつくっていかなければなりません。

しかしながら、これを多店舗展開しない状態で実現することは至難の業といえるでしょう。そう考える根拠は2つあります。

1つ目は、店舗が増えなければ、働き手の活躍の場も増えない点です。

多店舗展開をしていない場合、例えば1店舗経営の状態では、お店で働くスタッフは、同じ職場でずっと仕事をしていくことになります。ポジションについては先輩の退職等によって若干の変動があるかもしれませんが、そのような機会にも限りがあるはずです。

同じ職場、同じポジションでずっと働いていかなければならないとしたら、ほとんどの人が、時の経過とともに停滞感を感じることになるはずです。

働き手の意欲と能力を引き出すためには、働き手の活躍の場を創出していく必要がありますが、店舗ビジネスでは、店舗が増えない限り働き手の活躍の場は増えないのです。

2つ目は、店舗が増えなければ、働き手の給与原資も増えない点です。

前述の通り、店舗ビジネスでは、1店舗で生み出せる売り上げに限りがあります。どんなに努力をしたとしても、一定水準に達すると、それ以上は店舗を増やさない限り売り上げを伸ばすことができない上限ラインがあるのです。

売り上げに限界があるということは、働き手に支払うことができる給与原資にも限界があるということです。売り上げは横ばいなのに、給与だけは昇給していくことになると、会社の利益が年々目減りしていくことになってしまいます。

これでは会社経営が成り立ちません。

とはいえ、長く勤務しても給与が上がらないのだとしたら、働き手がモチベーションを維持できるはずもありません。

このように多店舗展開をしない状況、すなわち働き手の活躍の場が増えず、昇給にも限界がある状況下で、中長期的に働き手の意欲と能力を引き出し続けることは、不可能とは言わないまでも、極めて難しい問題といえるでしょう。

中長期的に働き手の意欲と能力を引き出し、「人の魅力」で他店との違いを生み出し続けるためには、「多店舗展開」によって働き手の活躍の場を生み出すとともに、会社の業績を高めて昇給原資をねん出していくことが求められるのです。

2. 店舗が少ない状態では経営基盤が脆弱で、環境変化に対応できない

中長期的に事業を継続していこうと考えた場合、様々な環境変化にも対応できる経営力を身につけておかなければなりません。しかし、店舗数が少ない状態では、経営基盤が脆弱で、環境変化への対応に限界が生じがちです。

例えば、競合店が近くに出現したケースで考えてみましょう。

3店舗を展開している場合には、競合店の出現により1店舗の売り上げが低迷したとしても、影響を受けていない残りの2店舗がある分、会社全体としての影響度は低下します。

一方、1店舗経営の場合には、競合店の出現によって売り上げが低迷すると、それがそのまま会社の業績となるため、その影響は甚大です。

また、人材面でも同様のことがいえます。

急な離職が発生したケースを考えてみましょう。

3店舗を展開している場合には、雇用している従業員数がそれなりに多いわけですから、仮に急な離職が発生した場合にも、残った従業員で補うことができます。

また、相応の経営基盤があるわけですから、急な離職が発生することに備えて、予め余剰人員を抱えておくこともできます。

そうすれば、いざ急な離職が発生した場合にも、慌てることなく対応することができます。

一方、1店舗経営の場合、雇用している従業員数が少ないため、離職者の穴を残った従業員で補える可能性は低いでしょうし、経営基盤が脆弱なため、予め余剰人員を抱えることも難しいはずです。

従って、急な離職が生じた時には、店舗運営が適切に行えなくなり一気に売り上げが落ちる、という事態が生じかねません。

このように、店舗ビジネスには、店舗数が多ければ多いほど経営が安定しやすい特徴があります。店舗が少ない状態では経営基盤が脆弱なため、環境変化に対する対応力が低く、経営が不安定になりがちなのです。

中長期的に安定した経営を実現するためにも、「多店舗展開」によって強固な経営基盤を築いていくことが求められるのです。店舗ビジネスを始めた以上は、少なくとも3店舗程度の展開は目指すべきでしょう。

直営方式での展開では「将来の予測が困難な時代」を乗り越えられない!?

店舗ビジネスを営む企業が事業を継続・拡大していくためには「多店舗展開」が不可欠である理由をお伝えしました。**しかし一方で、経営環境がＶＵＣＡ（ブーカ）化している現代では、直営店方式で多店舗展開を進めていくことのリスクは年々大きくなっています。**

ＶＵＣＡとは、現代の経営環境の特徴を表す4つのキーワード、

- Volatility：変動性
- Uncertainty：不確実性
- Complexity：複雑性
- Ambiguity：曖昧性

の頭文字をとった造語です。一言で言うと**「将来の予測が困難な時代になった」**とい

うことを意味します。

ここ数年を振り返ってみても、

- **新型コロナウイルス感染症の世界的流行**
- **外国為替市場における急速な円安の進行**
- **国際的な物品の不足や原材料価格の上昇**

など、歴史に残る急激な環境変化がたびたび発生しています。

この背景には、情報化やグローバル化、技術革新の進展といった現代特有の要因があります。例えば、２０２２年には日用品や食料品の値上げが相次ぎ、消費者物価指数は急激に上昇しましたが、その原因としては、

- 日本とアメリカの金融政策の違いによる円安進行
- 世界各国における物品やサービスの需要増大
- 国家間紛争の影響によるエネルギーや原材料価格の高騰

などの事象がありました。

どれも情報化やグローバル化、技術革新が進んだ現代だからこそ生じている事象と

いえるのではないでしょうか。

そして、このようなＶＵＣＡ化する現代の経営環境を考えると、世の中のあり方を大きく変える出来事は、今後も頻繁に発生するものと考える方が自然です。

ですから、現代の企業が中長期的に事業を継続・拡大していくためには、ＶＵＣＡ化する経営環境に対応できる経営力を備えていかなければならないのです。

しかし、直営店舗による展開スタイルでは、ＶＵＣＡ化する経営環境への対応に限界があることも事実です。そのように考える理由は３つあります。

1．店舗投資が先行するため、財務基盤が悪化しやすい

店舗ビジネスでは、店舗を増やす際に多額の先行投資を行い、それを複数年かけて回収していく性質があります。回収にかかる期間はビジネスモデルによってもまちまちですが、どんなに収益性が高いビジネスモデルであったとしても、1年から3年程度はかかるのが普通ではないでしょうか。

この先行投資に必要な資金を自己資金でねん出するのであれば、その分だけ会社の資金が減少することになります。金融機関からの借入で調達するのであれば、その分だけ借入金が膨らみ、日々の返済負担が重たくなります。

つまり、店舗ビジネスでは、店舗を新しく開業すると、そこに費やした先行投資の回収が完了するまで、会社の財務基盤が悪化することになるのです。そして、財務基盤が悪化すれば、当然に環境変化への適応力も低下することになります。

2. 家賃や人件費などの固定費が増えること

事業で発生する経費には、売り上げに比例して増減する変動費と、売り上げにかかわらず発生する固定費の2種類が存在します。

変動費の代表例は、原材料費です。

原材料費は、売り上げが上がれば増え、売り上げが下がれば減ります。

売り上げがゼロになれば、原材料費もゼロになります。

固定費の代表例は、家賃や人件費です。家賃や人件費は、売り上げに関わりなく発生します。仮に売り上げがゼロになっても、固定費は全額発生するのです。

環境変化への適応力を高めていくことを考えると、売り上げが急減した場合にも全額発生する固定費はできる限り削減し、変動費の割合を高めていきたいところです。環境変化によって売り上げが急減したとしても、売り上げに比例して増減する変動費の割合が多くなっていれば、その分だけ売上急減時のダメージを抑制することができるからです。

しかしながら、店舗ビジネスには人件費や家賃といった固定費が多く発生する性質があり、その削減には限界があります。

家賃には相場があり、特別な事情がない限り相場の金額未満にはならないですし、人件費を削減するといっても、ビジネスモデルの構造や店舗の規模等に応じて最小限必要な人件費があるはずです。

そして、これらの固定費は直営店が増えれば増えるほど膨らんでいきます。

固定費が膨らんでいくということは、その分だけ環境変化への適応力が低下していくということでもあります。

３．展開する店舗数が増えるにつれて経営者の影響力が低下していく

先にもご紹介した通り、経済が成熟化した現代において店舗ビジネスの事業継続・拡大を目指そうと考えた場合、働き手の意欲と能力を最大限に引き出し、「人の魅力」で他店との違いをつくっていくことが求められます。

これは口でいうのは簡単ですが、実践するのはとても難易度の高いことです。

経営者が直接的に管理・指導できるのであればまだしも、店舗が増えていけばそういうわけにはいきません。

特に店舗ビジネスには、店舗が各地に点在するため経営者が社員と直接的にコミュニケーションを取ることが難しい性質があります。

そのため、ほとんどの場合、**展開する店舗数が増えるにつれて経営者の影響力が低下していく**ことになります。

基本的に、経営者以上に本気で仕事に取り組む社員はいません。それは、経営者と社員とでは、負っているリスクが異なるからです。そのため、店舗数が増えて経営者の影響力が低下していくと、どうしても店舗の運営品質は低下していきがちです。経験則で申し上げれば、だいたい3店舗を超えたあたりから店舗の運営レベルにばらつきが生じてくる印象です。

その結果、事業の継続・発展のためには「人の魅力」で競合他社と差別化していかなければならないにもかかわらず、多店舗展開が進むにつれて「人の魅力」が低下していき、競合企業と同質化していく、という事態が起こるのです。

このように、店舗ビジネスを営む企業が事業を継続・拡大していくためには「多店舗展開」が不可欠である一方、経営環境がＶＵＣＡ化している現代では、直営店方式で多店舗展開を進めていくことにも大きな問題が潜んでいるのです。

この問題をいかにして解決していくのか。今後、店舗ビジネスの経営者はこの解決方法を探求していかなければならないでしょう。

ここで私からみなさまにご提案したいのが、本書のテーマである「フランチャイズシステム」を活用して、ＶＵＣＡ化する経営環境への対応力を高めながら多店舗展開を進めていく方法です。

「フランチャイズシステム」は、不確実性の高い時代に合った展開手法！

「フランチャイズ」という言葉は、誰しも一度は耳にしたことがあると思います。しかし、その仕組みが正しく理解されていることは少ない印象です。フランチャイズシステムの活用について考えていく前に、まずはフランチャイズとはどのような仕組みなのかを共通認識にしておきましょう。

フランチャイズシステムとは、一般的には次の3つの要件を満たすものをいいます。

(1) 本部は加盟者に対して、事業に成功するためのブランドや経営ノウハウ等を用いて事業を行う権利を与える

(2) 加盟者は、(1)に対する見返りとして、本部に対して加盟金やロイヤリティ等の対価を支払うとともに、事業に必要な資金を投資して、本部の指導やサポートのもと

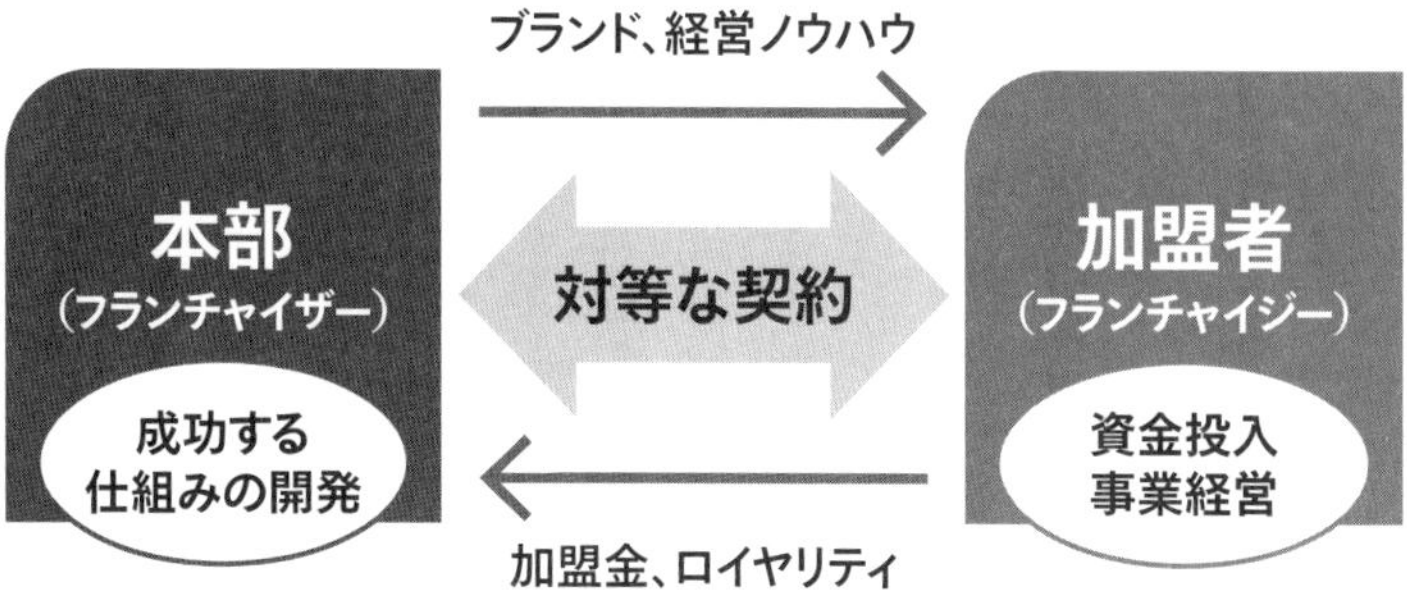

に経営を行う

(3)　本部と加盟者はそれぞれ独立した事業者として、対等な立場で、互いの権利と義務を明文化した契約を締結する

基本的な考え方は、**本部の経営理念やビジョン、経営方針に共感してくれた方に本部事業に参画してもらい、本部と共同で事業を営んでいくことによって、グループ全体での発展を実現しようとするもの**です。

フランチャイズチェーンというと、多くの方は国内最大のフランチャイズチェーンであるコンビニをイメージするのではないでしょうか？

そのせいか、フランチャイズシステムは、スピーディーに数百店舗超の店舗展開を実現するためのツールとして捉えられがちです。

たしかに、加盟者の資金や人材を活用して店舗展開を進めていくフランチャイズシステムを活用すると、経営資源に限りのある中小企業であったとしても、加盟者を集めることさえできれば「１年間で１００店舗出店」といったような急速な店舗展開を実現することも可能です。

しかし、このことはフランチャイズシステムで実現できることの一つでしかありません。

実は、店舗ビジネスを営む企業がＶＵＣＡ化する経営環境に対応可能な経営力を身につける上で、フランチャイズシステムを取り入れることは極めて有効な手段となるのです。

フランチャイズシステムの導入で、経営者のあなたが得られること

それでは、フランチャイズシステムを導入することによって、どうしてＶＵＣＡ化する経営環境に対応可能な経営力を身につけることができるのか。

フランチャイズシステムを導入することによって、会社が得られるメリットを確認していきましょう。

１．本部の財務基盤が強固になる

フランチャイズシステムを活用して多店舗展開を進めていく場合、加盟者の店舗を開業するにあたって必要となる物件取得費や内外装工事費等の初期投資は、すべて加盟者に負担してもらいます。

そのため、店舗開店時に本部が自己資金を投資したり、金融機関から借り入れをし

たりする必要性が無くなります。

店舗開店に本部が多額の初期投資を負担しなければならない直営店舗による展開と比較すれば、フランチャイズシステムを活用することで、本部の資金負担を大きく圧縮することができます。その結果、本部の財務基盤が盤石となり、環境変化への適応力を高めていくことができるのです。

2. 本部と加盟者で事業リスクを分散できる

フランチャイズシステムでは、本部と加盟者はそれぞれ独立した事業者として事業を経営します。そのため、加盟者店舗の収益責任は加盟者が負うことが原則です。

仮に予期しない環境の変化によって店舗の売り上げが急減したとしても、加盟者店舗で発生する家賃や人件費などの固定費は、加盟者が負担することとなります。

もちろん、加盟者店舗の売り上げが急減すれば、本部も無傷というわけにはいきません。ただ、フランチャイズシステムを活用している場合は、直営展開時のように本部単独で損失を負担するのではなく、本部と加盟者が分散して損失を負担することになるため、本部単体の損失を抑制することができます。これらの結果、環境変化への適応力を高めることができるのです。

３．加盟店が増えるにつれて本部の利益率が高まる

フランチャイズシステムを活用して店舗展開を進めていくと、本部の利益率は加盟店が増えるにつれてどんどん高まり、環境変化への適応力も増していくことになります。実際に事例に当てはめて考えてみましょう。

年商３０００万円、変動費率30％、固定費１５００万円、営業利益６００万円の店舗を３店舗経営しているものとします。

仮に３店舗すべてが直営店の場合、本部の売り上げは３０００万円×３店舗で９０００万円、営業利益は売上９０００万円－変動費２７００万円（売上９０００万円×変動比率30％）－固定費４５００万円（固定費１５００万円×３店舗）＝１８００万円、営業利益率は20％となります。

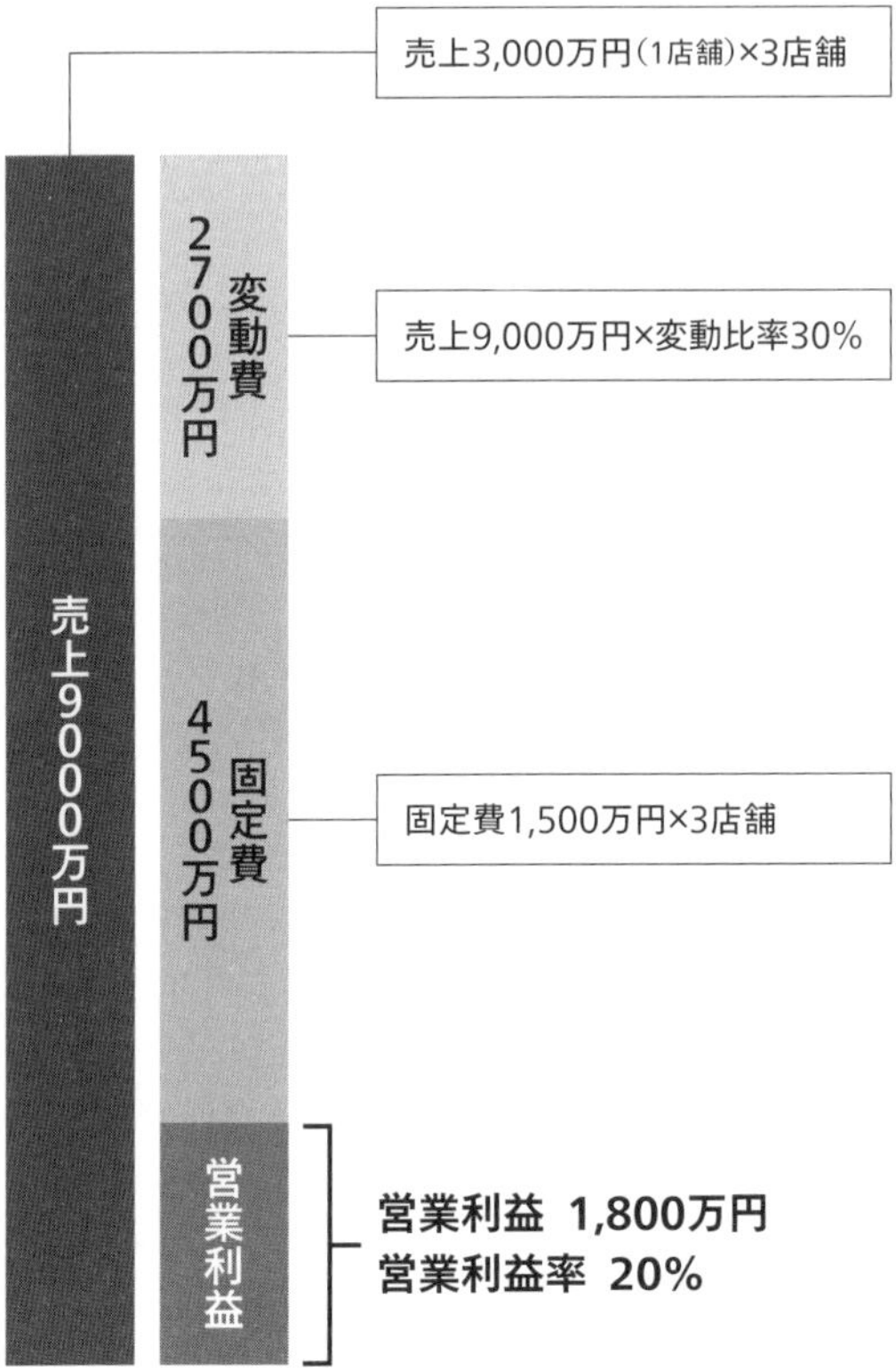

3店舗すべてが直営店の場合

一方、3店舗のうちフランチャイズ加盟店が2店舗で、加盟店からロイヤリティとして売り上げの5％をもらうものと仮定します。

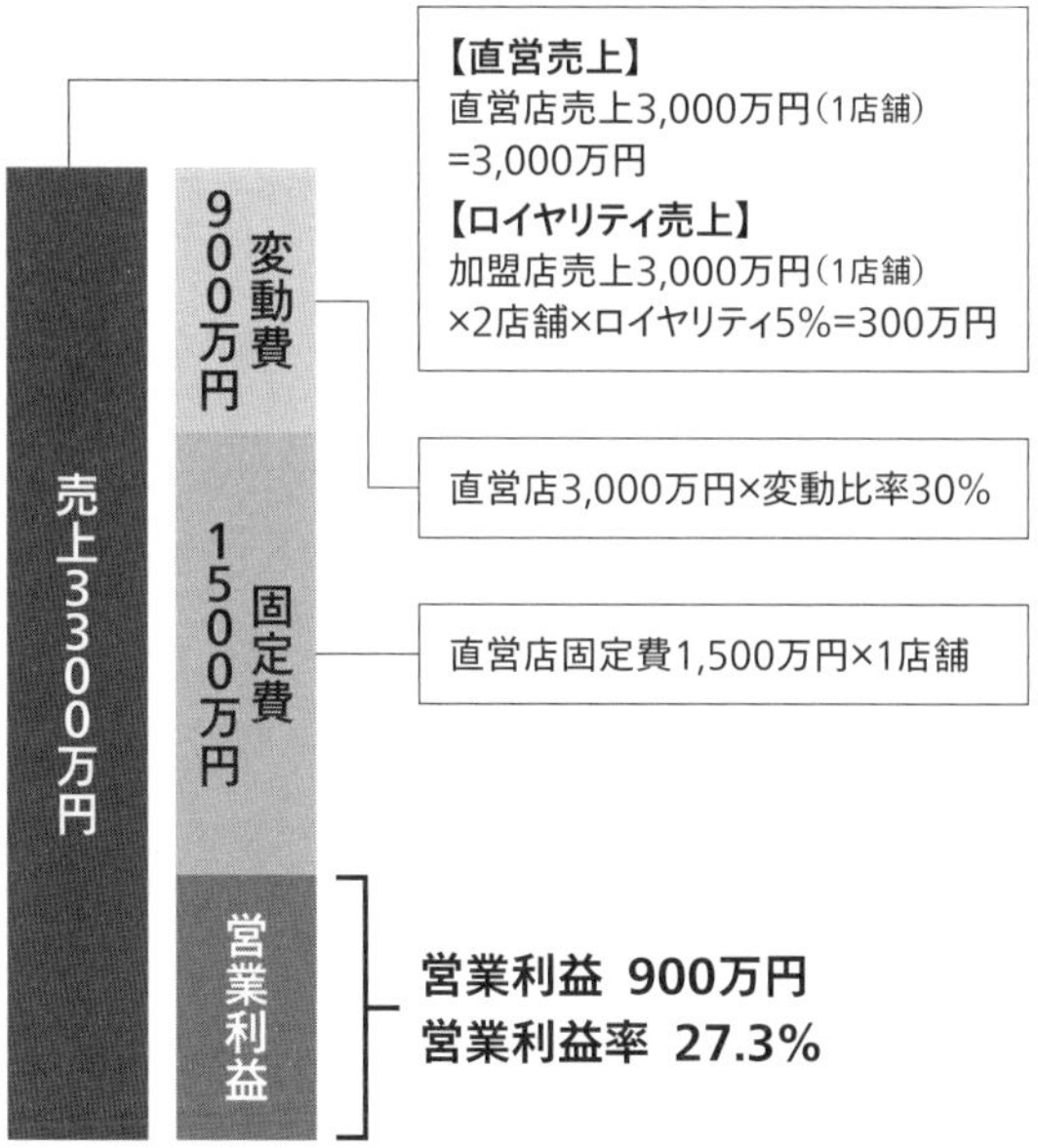

3店舗のうちフランチャイズ加盟店が2店舗の場合

この場合、本部の売上高は直営店売上3000万円×1店舗＋ロイヤリティ売上300万円（加盟店売上3000万円×2店舗×ロイヤリティ5％）で合計3300万円となり、営業利益は売上3300万円－変動費900万円（直営店売上3000×変動比率30％）－直営店固定費1500万円＝900万円、営業利益率は27・3％となります。

売り上げや利益の額だけで見ると、直営店による展開の方が大きくなっています。これだけみると「直営の方がいいじゃないか」と考える方もいるかもしれません。しかし、利益率を見てみると、直営店3店舗の場合よりも、直営1店舗、フランチャイズ加盟店2店舗の方が高くなっていることがわかります。

ここで、急激な環境変化によって売り上げが30%低下したとしたらどうなるでしょうか。

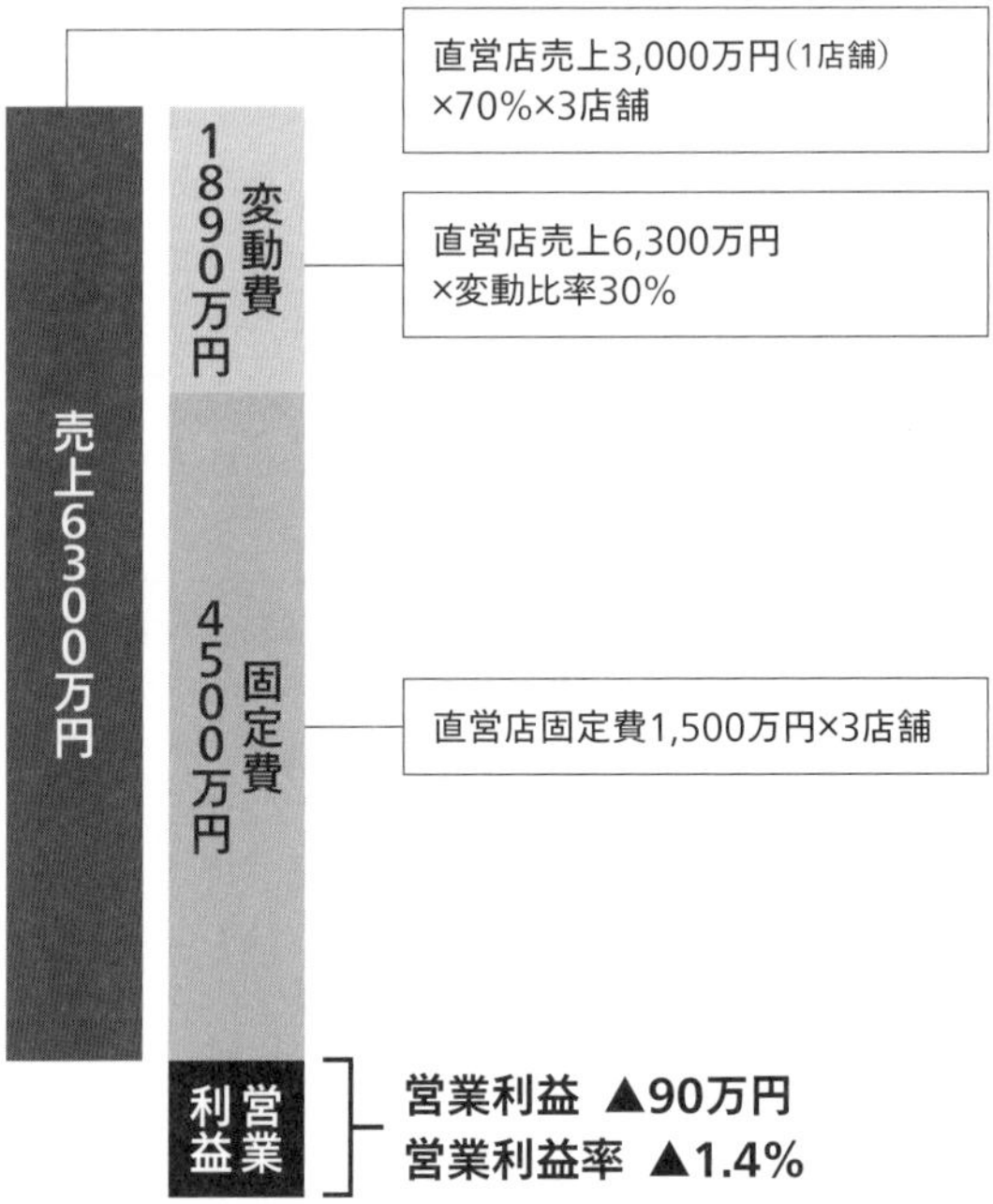

3店舗すべてが直営店の場合

3店舗とも直営店の場合、本部の売り上げは3000万円×70%×3店舗で6300万円、営業利益は売上6300万円－変動費1890万円（売上6300×変動比率30%）－固定費4500万円（固定費1500万円×3店舗）＝▲90万円、営業利益率は▲1・4%と赤字に転落してしまいます。

一方、３店舗のうちフランチャイズ加盟店が２店舗の場合、売上高は直営店売上３０００万円×70%×１店舗＋ロイヤリティ売上２１０万円（加盟店売上３０００万円×70%×２店舗×ロイヤリティ５%）で合計２３１０万円となり、営業利益は売上２３１０万円－変動費６３０万円（直営店売上２１００×変動比率30%）－直営店固定費１５００万円＝１８０万円、営業利益率は７・８%と、売り上げが30%低下した場合にも黒字を確保できる計算となります。

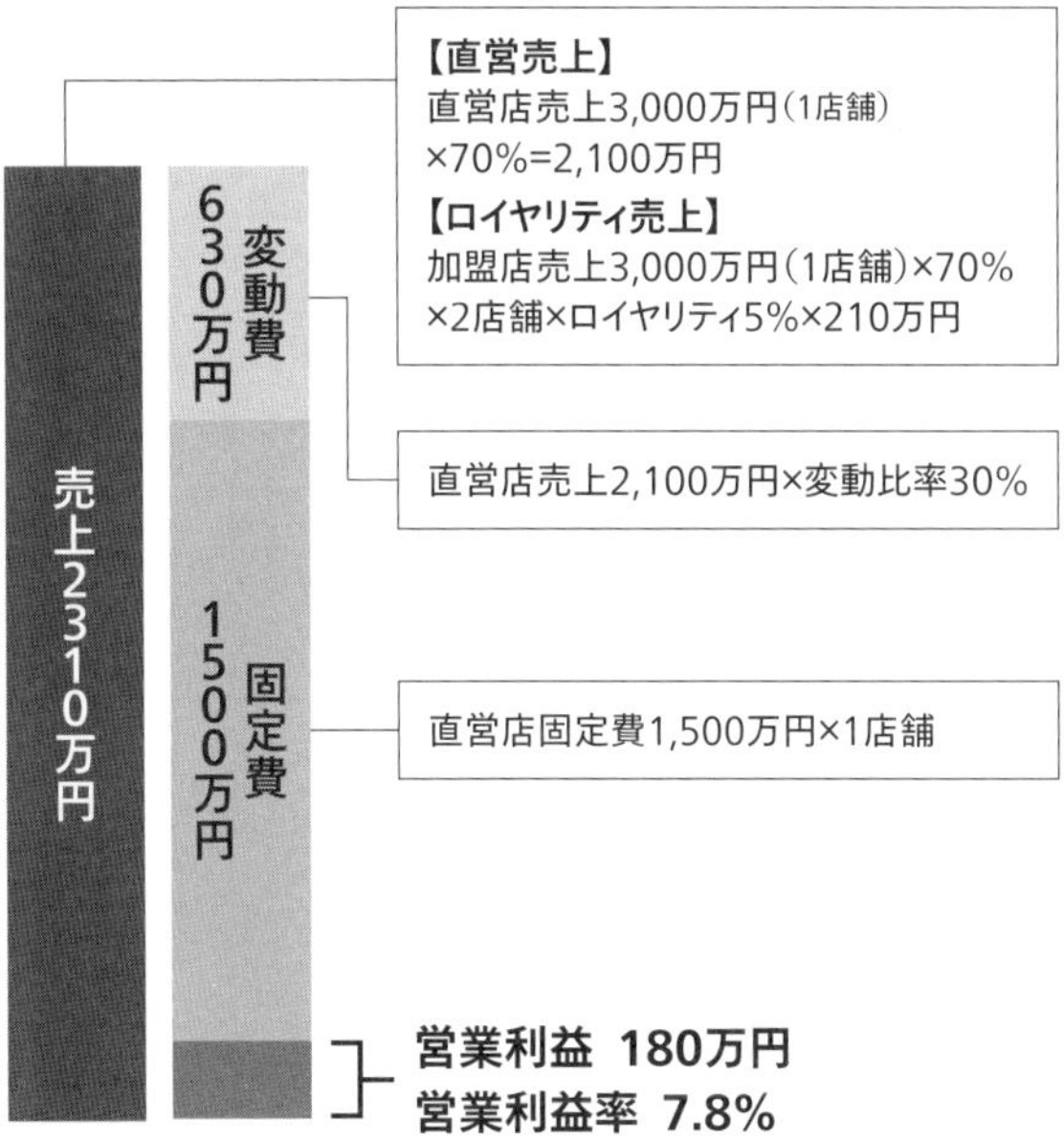

3店舗のうちフランチャイズ加盟店が2店舗の場合

もちろん、フランチャイズ展開を始めることによって生じる経費もあるため、必ずしもこの通りになるわけではありません。

しかし、**フランチャイズシス**

テムを活用して店舗展開をしていくと、基本的には加盟店が増えるにつれて本部の利益率が高まり、環境変化への適応力は増していくのです。

4．加盟店の経営者パワーを活用できる

フランチャイズシステムでは、本部の経営理念やビジョン、経営方針を共有した経営者が多数グループ内に参画してくることになります。

先にもお伝えした通り、経営者以上に本気で仕事に取り組む社員など普通はいません。特に、急激な環境変化によって苦しい状況に陥った時こそ、会社経営の全責任を負っている経営者は死に物狂いで対応します。

ピンチな状況であればあるほど、経営者と一般社員とでは仕事に対する本気度に差がつくのです。この経営者と一般社員の危機意識の違いは、経営者であれば誰しもが実感していることではないでしょうか。

直営店による展開の場合、経営者は本部経営者しかいませんが、**フランチャイズシ**

ステムを活用することで、グループ内に理念やビジョンを共有した経営者集団が生まれます。

様々な経験やノウハウを持つ経営者が集まり、それぞれの経営者が意見や知恵を出し合って、一致団結してグループの発展に取り組んでいくことができるのです。

急激な環境変化によって苦境に立たされた時にも、人生をかけた経営者集団が全力で危機に立ち向かっていくわけですから、直営展開時と比べて環境変化の影響を軽微に抑制できることが期待されます。

この経営者パワーを活用して事業を展開していける点は、本部にとって大きな力となることは間違いありません。

このように、フランチャイズシステムを活用することで実現できることは、「１年間で１００店舗出店」といったような急速な店舗展開だけではありません。**他にも、フランチャイズシステムを活用することで様々なメリットを得ることができるのです。**

ですから、たとえ急速な多店舗展開を目指していなかったとしても、店舗ビジネスを営む企業がＶＵＣＡ化する経営環境に対応可能な経営力を身につけるために、フランチャイズシステムを活用していくべきなのです。

これが、私が店舗ビジネスを営む会社に「フランチャイズシステム活用」を推奨している理由でもあります。

「フランチャイズ＝大規模展開しなければならない」という誤解

ここまで、店舗ビジネスを営む企業がフランチャイズシステムを導入すべき理由を紹介してきました。

読者の中には、本書のテーマである「小規模フランチャイズ」というキーワードに違和感をお持ちの方もいるいらっしゃるかもしれません。

というのも、私の経験では、「フランチャイズ展開する＝数百店舗規模の店舗展開を目指すもの」というイメージをお持ちの方が多いからです。

たしかに、加盟者の資金や人材を用いて店舗展開を進めていくフランチャイズシステムを用いれば、スピーディーに数百店舗規模の展開を実現することも可能です。

むしろ、スピーディーに数百店舗規模の展開を実現しようと考えるのであれば、フランチャイズシステム以上に適した仕組みはないかもしれません。

しかし、ここで認識すべきことは、フランチャイズシステムがスピーディーに数百店舗規模の展開を実現する上で最適な仕組みだからといって、必ずしも数百店舗規模の展開を目指さなければならない理由はない、という点です。

ここまで紹介した通り、店舗ビジネスを営む企業がＶＵＣＡ化する経営環境に対応可能な経営力を身につけたいと考えた場合、フランチャイズシステムは極めて有効な手段となります。

そのため、「大規模展開をするつもりはないけど、ＶＵＣＡ化する経営環境に対応可能な経営力を身につけるために、フランチャイズシステムを導入しよう」と考える方がいても不思議ではありません。

実際、「フランチャイズシステムを小規模に活用したい」という弊社へのご相談は、ここ数年増加の一途です。

ところが、「フランチャイズ展開する＝数百店舗規模の店舗展開を目指すもの」というイメージが邪魔をして、「フランチャイズシステムに興味はあるけど、うちには無理かな……」と諦めてしまっている方が多くいるのです。

これは、フランチャイズシステムの有効性を確信している私にとって残念でなりません。

繰り返しになりますが、フランチャイズシステムを活用するからといって、必ずしも数百店舗規模の展開を目指さなければならない理由はありません。実際、弊社の関係先には、大規模展開を目指さずとも、フランチャイズシステムを導入している例がたくさんあります。

そして、当たり前のことですが、小規模にフランチャイズシステムを活用するのであれば、数百店舗規模の展開を目指すのと同じレベルの条件や仕組みを整える必要はありません。そのため、現時点では小規模な事業者であったとしても、フランチャイズ展開を進めていくことはできるのです。

そこで、本書では「数百店舗規模の店舗展開を目指すフランチャイズシステム」とは一線を画す「小規模フランチャイズ」の考え方を紹介していきたいと思います。

従来型フランチャイズとは一線を画す小規模フランチャイズとは

それでは、本書で取り扱う「小規模フランチャイズ」とはどのようなものなのか、そのポイントを確認していきましょう。

1．店舗拡大を最優先せず、「まずは3店舗」の姿勢で展開をスタート

前述の通り、フランチャイズ展開というと「スピーディーに数百店舗規模の展開を目指すもの」と考えている方が多いと思います。

しかし、本書で取り扱う小規模フランチャイズでは、店舗拡大を最優先しません。「まずは3店舗」の姿勢で、必要最小限の仕組みでフランチャイズ展開をスタートさせます。

というのも、**私の経験則では、本部が店舗拡大を最優先すると、はじめから相応の投資が必要な上に、本部と加盟者との間で様々なトラブルが生じる原因にもなりやすいからです。**この点については、第2章で詳しく紹介します。

そのため、小規模フランチャイズでは店舗拡大を最優先せず、「まずは3店舗」の姿勢で、必要最小限の仕組みでフランチャイズ展開をスタートさせます。

そして、加盟者の業績を注意深くモニタリングしながら、店舗数を段階的に増やしていくのです。

また、フランチャイズ展開の進度に合わせて段階的に仕組みを拡充していき、少しずつ加盟者を集めながら、着実に本部としての力を蓄えていきます。

フランチャイズ展開に必要な投資を最小限に抑えることができるため、小規模企業でも導入がしやすく、フランチャイズで本部と加盟者との間に生じがちなトラブルを抑制することも可能です。

2.「儲かること」よりも「理念の共有」や「信頼関係」を重視

一般的に、フランチャイズシステムでは、「儲かるかどうか」が最重視される傾向にあります。本部はフランチャイズ事業が儲かることをアピールして加盟者を募り、加盟者は儲けを得るためにフランチャイズ加盟するのです。

しかし、本書で取り扱う小規模フランチャイズでは、「儲かるかどうか」よりも、本部・加盟者間における「理念の共有」や「信頼関係」を重視します。

本部と加盟者が理念を共有できていなかったり、信頼関係が構築できていなかったりした場合、その関係は「儲かる・儲からない」だけのものとなり、トラブルになる確率が飛躍的に高まるからです。

もちろん、ビジネスである以上、「儲かるかどうか」は大切です。

しかし、私の経験則では、「儲かるかどうか」を重要視している本部や加盟者は、多くの場合、上手くいきません。

だからこそ、「儲かるかどうか」よりも、本部・加盟者間における「理念の共有」や「信頼関係」を重視するべきなのです。

まだ経験も実績も不足している小規模な会社がフランチャイズシステムを導入しようと考えるのであれば、この視点は特に重要なポイントとなります。

３．本部と加盟者が力を合わせてフランチャイズシステムを磨き上げていく

フランチャイズシステムは、様々な経験やノウハウを持った事業者が、共同で事業を行う仕組みです。

そのため、フランチャイズ展開を進めていくと、グループ内に様々な経験やノウハウを持った経営者が多数存在する状況が生まれます。

しかも、先に紹介した「理念の共有」や「信頼関係」を重視して加盟者を選定しているのであれば、本部にとって加盟者は**「想いを共有した者同士」**ともいえる存在であり、最大の武器ともいえます。

これまでのフランチャイズシステムでは、「本部が開発した仕組みやノウハウを加

盟者に提供し、加盟者は本部に言われた通りに店舗を運営する」という形式を取ることが大半でした。

しかし、この状態ではせっかくの武器を活かすことができているとは言えないでしょう。

というのも、本部だけが仕組みやノウハウを開発し、加盟者は本部に言われた通りに店舗を運営しているだけでは、グループ内に集まった加盟店経営者の多種多様な経験やノウハウを、フランチャイズシステムに反映させていくことができないからです。

先にもお伝えした通り、経済が成熟化した現代は、あらゆるビジネスにおいて競争環境が激化し、各企業が限られたパイを他社から奪い取るために熾烈な競争を繰り広げる時代となりました。この企業間競争を、本部の力だけで勝ち上がっていくことは、非常に難しい問題です。

この点、グループ内に様々な経験やノウハウを持った加盟店経営者が多数存在する強みを活かし、加盟店経営者の意見や知恵をフランチャイズシステムに反映させていくことができれば、競合他社との競争にも打ち勝つことができるはずです。

だからこそ、本部は「加盟者と力を合わせて、一緒にフランチャイズシステムを磨き上げていく」という姿勢であるべきなのです。

特に、経験も実績も不足している小規模なフランチャイズ本部にとっては、加盟店経営者の力を上手く活用できるかどうかが、フランチャイズ展開を成功させる上での重要なポイントとなるでしょう。

フランチャイズシステムの活用により
コロナ禍を乗り越えた飲食店

ここで実際に、小規模フランチャイズシステムを活用することで、コロナ禍の危機を乗り越えた事例を紹介します。当社がフランチャイズシステムの導入をサポートさせていただいた東京都内で居酒屋5店舗を展開するA社の事例です。

2020年頃に表面化した新型コロナウイルス感染症の感染拡大は、かつてない急激な環境変化をもたらしたことは記憶に新しいことでしょう。

2020年4月には新型インフルエンザ等対策特別措置法に基づく緊急事態宣言が発令され、飲食店は営業さえできない状況に陥りました。

営業ができないため売り上げはゼロであるにもかかわらず、家賃等の固定費は全額支払わなければなりません。

この結果、新型コロナの影響で多くの飲食店が苦境に立たされることになりました。

当然、A社も他の飲食店と同様に大きな影響を受けることとなりました。

ただし、A社はフランチャイズシステムを活用していたこと、具体的には、５店舗のうち直営店は１店舗だけで、残りの４店舗はすべてフランチャイズ加盟店であったことにより、他の飲食チェーンと比べると、その影響を最小限に抑制することができたのです。

なぜ、フランチャイズシステムを活用することでコロナ禍の影響を最小限に抑制することができたのか。そのポイントを確認していきましょう。

１．借入返済や固定費負担の少ない身軽経営を実現していた

１つ目のポイントは、フランチャイズシステムを活用することで借入返済や固定費負担の少ない身軽経営を実現していたことです。

フランチャイズシステム導入のメリットでも解説しましたが、フランチャイズシス

テムでは加盟者の資金や人材を活用して店舗展開を進めていきます。

A社は、創業してから6年目の会社でしたが、それまで店舗開業に必要な投資を自ら負担したのは創業時の直営1号店のみでした。

後の4店舗は、加盟者の資本を活用して展開してきていました。

そのため、緊急事態宣言が発令された段階で1号店の投資回収はすでに完了しており、また金融機関からの借り入れもなく、盤石な財務基盤を築くことができていたのです。

加えて、A社の直営店は1号店だけのため、A社が抱えている家賃や人件費といった固定費も、1店舗分のみでした。フランチャイズ加盟店4店舗の固定費については、それぞれの加盟者が負担するため、緊急事態宣言の発令によって売り上げがゼロになった時にも、A社はキャッシュアウトを最小限に留めることができたのです。

２．５名の経営者が、死に物狂いで危機克服に向けて行動した

２つ目のポイントは、Ａ社の経営者に加え、フランチャイズ加盟店の経営者４名、合計５名の経営者が、危機を乗り越えるために死に物狂いで行動したことです。

Ａ社は、Ａ社で働いていた元社員にフランチャイズ加盟してもらう、いわゆる「のれん分け」スタイルでフランチャイズ展開を進めてきました。

フランチャイズ加盟店の経営者４名全員に現場経験があり、かつ新型コロナ危機発生時点で現場に常駐していたのです。

そして、新型コロナ危機が発生し、まともに営業ができなくなった時、５名の経営者は未曽有の危機の克服に向け、死に物狂いで行動を開始しました。

様々な取り組みを行っていましたが、中でも私の印象に残っている取り組みは、**５店舗全店が、電話やショートメールなど情報到達率が高いツールを使って、個別に常連のお客様と連絡をとり、テイクアウトやデリバリー等の利用を促していたこと**です。

しかも、そのアプローチ件数は1店舗当たり100名を優に超えるものでした。

これは、1人の加盟店経営者が実際に行動してみたところ、「連絡した常連客のうち50％超が利用してくれる」という大きな成果が得られたことから、それを全店で共有し、5店舗全店で実施することにしたものでした。

5名の経営者が死に物狂いになって意見や知恵を出し合い、危機の克服に向けて力を合わせて取り組んだ結果、A社のグループでは他の飲食店と比べて売り上げの落ち幅を抑制することができたのです。

新型コロナ危機の際、多くの飲食店がテイクアウトやデリバリーに取り組みましたが、その告知をこのレベルで行った会社は、そうないのではないでしょうか。

これこそ、雇われの立場では決して生まれない、覚悟を決めた経営者パワーなのです。

3. 国や自治体の支援制度を最大限活用できた

新型コロナ危機の発生後、企業業績が低迷して危機的状況に陥る中、国や自治体が補助金や助成金、特別融資といった様々な企業支援施策を実施しました。

しかしながら、ほとんどの支援施策には1社毎に「上限」が設けられていました。

例えば、新型コロナの影響によって売り上げが大きく減少した企業を対象にした「持続化給付金」では、1法人当たりの支給上限額が２００万円に設定されていました。

A社が直営で5店舗展開している場合、受給できる給付金は1法人当たりの支給上限額である２００万円ということになります。

しかし、A社グループには、A社以外にフランチャイズ加盟店４社が存在しています。

フランチャイズ加盟店は本部とは独立した事業体であるため、それぞれが持続化給付金を受給することができます。

そのため、Ａ社グループ全体で考えると、１社当たり支給上限額２００万円×５社で、合計１０００万円もの給付金を受給することができました。

これらの結果、Ａ社は新型コロナ危機で競合企業が大打撃を受ける中、その影響を最小限に抑制することができたのです。

今ではその影響を克服し、新規出店に向けて動き出しています。

小規模フランチャイズ展開に〝会社規模〟や〝業種〟は関係ない！

ここまでお読みいただいて、店舗ビジネスを営む企業がフランチャイズシステムを導入すべき理由はご理解いただけたのではないかと思います。

ただ、読者の中には、「フランチャイズシステムが必要なことはわかったけど、うちの会社規模では難しいよね……」と感じている方もいるかもしれません。

私の経験則で申し上げると、多くの場合、この認識は誤りです。本書で取り扱っている「小規模フランチャイズ」を導入するのに、会社規模はまったく関係ありません。現在1店舗経営の個人事業主であったとしても、導入することができます。

前述のような誤解が生まれるのは、「フランチャイズ展開する＝数百店舗規模の店舗展開を目指す」というイメージがあるからでしょう。

たしかに、フランチャイズシステムを活用して１００店舗超の展開を目指すのであれば、それだけ多くの加盟希望者を集める必要があります。その実現のためには、それなりの会社規模があった方が良いことは間違いありません。


しかし、本書で取り扱っている「小規模フランチャイズ」では、１００店舗超の展開を前提としていません。「まず3店舗」の姿勢で取り組んでいくのです。

そのため、フランチャイズ展開に求められるハードルも、その分だけ低くなることになります。

実際、弊社に1店舗経営の状態でフランチャイズ化の相談に訪れた美容サロンでは、1年程度でフランチャイズ加盟店2店舗を加えた3店舗体制を実現しています。


ですから、たとえ会社規模が小さかったとしても「うちの会社規模では難しいよね……」と諦めることはありません。小さい会社には小さい会社なりのやり方があるのです。

また、フランチャイズ化の相談で訪れる経営者からよくいただくご質問に「うちの業種はフランチャイズ展開できますか？」というものがあります。

この点については、すでにフランチャイズチェーンが存在する業界であればまず問題ありません。実際、弊社も多くの企業のフランチャイズ展開をサポートしてきましたが、対応した業種の一例を挙げると、飲食業はもちろんのこと、鍼灸接骨院、整体・マッサージサロン、美容サロン、パソコンスクール、学習塾、介護事業所、トレーニングジム、学童保育所、体操教室、ヨガ教室、清掃サービス、コミュニティサロン、不動産業、建設業など、その業種は多種多様です。

また、仮に先行しているフランチャイズチェーンが存在しなかったとしても、次に紹介する小規模フランチャイズ展開に必要な条件さえ満たしていれば、小規模フランチャイズシステムは導入することが可能です。

この活用範囲の広さは、フランチャイズシステムの特徴の一つといえるでしょう。

小規模フランチャイズ展開に必要な3つの要件

それでは、小規模フランチャイズを導入するための条件を確認していきましょう。
私が考える小規模フランチャイズを導入するための条件は、次の3点です。

1．共感を得やすい「理念」「ビジョン」「経営方針」がある

1つ目の条件は、第三者から共感を得やすい「理念」「ビジョン」「経営方針」があることです。

フランチャイズ加盟と聞くと「利益を得るために加盟するもの」と感じる方もいるかもしれません。実際、多くのフランチャイズ本部は、加盟者を集める際「これだけ儲かるので加盟しませんか？」といったアプローチをしています。

もちろん、事業である以上利益を確保することは重要です。
しかし、忘れてはならないことは、**そもそも事業とは利益を得るためだけにやるものではない**ということです。

本書をお読みの方が創業経営者であれば、ご自身が創業した時のことを振り返ってみてください。

数ある選択肢の中からあえてその事業に取り組むことにした背景には、利益を得ること以外にも、「質の高い商品・サービスを世の中に広めたい」「業界の常識を変えていきたい」等といった経営者の想いがあるのではないでしょうか。

特に、これからフランチャイズ展開を開始しようと考えているケースでは、成功の再現性を十分に検証できていないこともあるでしょう。

成功の再現性とは、「一定の条件下で店舗経営を行うと、高い確率で成功できること」を意味します。

このような状況下で、加盟者募集をする際に「これだけ儲かるので加盟しませんか？」などと営業をしていたら、想定していた業績が上がらなかった時に、本部と加盟者の間でトラブルが生じることは避けられません。

それでは、このようなトラブルを避けるためにはどうしたらいいのでしょうか。

私はその絶対条件を、本部の理念やビジョン、経営方針に共感し、「たとえ困難な道のりであったとしても、本部と一緒に取り組んでいきたい！」といってくれる方だけに加盟してもらうことだと考えます。

本部の想いに共感して加盟を希望する方だけが加盟していれば、仮に加盟後、思ったように事業が上手くいかなかったとしても、本部と力を合わせて問題解決に向けて取り組んでいくことができるはずだからです。

この実現のためにも、**本部は第三者から共感を得やすい「理念」「ビジョン」「経営方針」を有している必要があるのです。**

2．経営者に強いリーダーシップがある

2つ目の条件は、本部の経営者に、加盟者との「理念共有」や「信頼関係構築」を実現するだけのリーダーシップが備わっていることです。

先にもお伝えした通り、フランチャイズ展開を成功させるためには、本部と加盟者が理念やビジョン、経営方針を共有するとともに、盤石な信頼関係を築いて、力を合わせてフランチャイズ事業に取り組んでいくことが求められます。

とはいえ、加盟者は本部とは独立した事業体であり、それぞれの加盟者に、それぞれの理念やビジョン、経営方針が存在します。

そのため、本部の理念やビジョン、経営方針を共有していくことは、口で言うほど簡単なことではありません。

本部と加盟者の信頼関係も同様です。

加盟が決まった段階では、本部と加盟者にはある程度の信頼関係が築かれているかもしれません。しかし、その関係性は未来永劫続くものではありません。本部が口では立派な理念やビジョンを語っていながら、実際には自分達の利益ばかりを考えて加盟者の利益を後回しにする、または加盟者の利益に無関心、といったような姿勢を見せれば、本部と加盟者間の信頼関係はあっという間に崩壊してしまいます。

加盟者との「理念共有」や「信頼関係構築」を実現したいと考えるのであれば、本部経営者自身が、加盟者との理念共有や信頼関係構築に手間や時間をかける覚悟を持ち、率先して行動していく姿勢が不可欠です。

本部経営者がリーダーシップを発揮できることは、フランチャイズ展開を成功させるための必須条件といえるでしょう。

3.事業が継続できるレベルの「そこそこの収益性」がある

3つ目の条件は、フランチャイズ展開するビジネスモデルが、加盟者が事業を継続できる程度の最低限の収益性を備えていることです。

フランチャイズシステムとは、本部が開発した「成功するための仕組み」を用いて加盟者が上げた利益を、本部と加盟者で分け合う仕組みです。

当然、加盟者に利益が上がらなければ、フランチャイズシステムは成立しません。そのためには、本部は「再現性のある成功するための仕組み」を確立しておかなければなりません。

ただし、小規模フランチャイズの場合、そこまで高い収益性が求められるわけでもありません。

仮に１００店舗超の展開を目指すのであれば、それだけの加盟希望者を集める必要があります。そうなると、他のフランチャイズ本部と比較されることも増えるため、求められる収益性も高くなります。

一方、**まずは3店舗を目指す小規模フランチャイズの場合、そもそもそれほど多くの加盟希望者を集める必要性はありません。**

たとえ収益性が他のフランチャイズ本部と比べて劣っていたとしても、本部の理念やビジョン、経営方針に共感し、「たとえ困難な道のりであったとしても、本部と一緒に取り組んでいきたい！」といってくれる方を数名見つければいいのです。

そのため、加盟者が本部にロイヤリティ等を払ったとしても事業を継続できる程度の「そこそこの収益性」がフランチャイズ展開するビジネスモデルに備わっていれば、小規模フランチャイズは導入することができるのです。

大規模展開を考えている場合でも、「まず3店舗」を目標に

本書は、「まず3店舗」の姿勢で取り組む小規模なフランチャイズシステム活用についてまとめていますが、読者の中には、「フランチャイズシステムを活用して100店舗超の大規模展開を実現したい！」とお考えになられている方もいらっしゃるかもしれません。

このように大規模な展開を目指す場合にも、私は「まず3店舗」を目標に小規模に進めていくことを推奨しています。 そのように考える理由は3点あります。

1．フランチャイズ本部間の加盟者獲得競争の激化

1点目は、フランチャイズ本部間の加盟者獲得競争が年々激化してきている点です。

一般社団法人日本フランチャイズチェーン協会が実施している「フランチャイズチェーン統計調査」によると、フランチャイズチェーンの数は、統計を開始した１９８３年から２０２０年にかけて、約２・６倍に増加しています。

また、２０２０年頃に発生した新型コロナの問題を受け、直営店による店舗展開に限界を感じ、フランチャイズ展開を開始した、またはフランチャイズシステムの導入を検討している企業は増加している印象です。

実際、フランチャイズ化に関する弊社への問い合わせは、２０２０年以降、従来の２倍以上に増加しています。

一方、現代はフランチャイズ加盟募集のＷＥＢ化が進み、様々なフランチャイズ本部を簡単に比較できる状況が生まれています。

フランチャイズ加盟を考えている方は、自宅にいながら、全国のフランチャイズ本部を比較できるようになったのです。

これらの結果、フランチャイズ本部間の加盟者獲得競争は年々激化してきている印象です。

多くの加盟希望者を集められる本部が存在する一方、まったく加盟希望者が集まらない本部も存在するのです。

2. 日本経済の成熟化に伴う大市場の消滅

2点目は、日本経済が成熟化した結果、大規模展開できる市場が減少している点です。

現代の経営環境を考える上で絶対に知っておかなければならないことは、現代は「経済が成熟化した時代」であるということです。

経済が成熟化した時代は、人々が豊かになり、生活をする上で最低限必要なものはすべて手に入れてしまっています。

そのため、経済が成熟化してくると、消費者のニーズは多様化していくと言われています。具体的に考えてみましょう。

例えば、多くの人が冷蔵庫を持っていない時代には、誰もが冷蔵庫を欲しがります。この時重視されるのは、「食材を冷やす」という冷蔵庫の本質的機能です。冷蔵庫が無ければ食材を冷やすことができないのですから、まずは食材を冷やせる冷蔵庫が欲しいのです。

食材を冷やす機能さえ備わっていれば、他はそれほど気にしないでしょう。そのため、経済が成熟化していない時代には、消費者ニーズは均一的なものになりがちです。

一方、経済が成熟化してくると、ほとんどの人はすでに冷蔵庫を保有しています。そうなると、従来のように「食材を冷やす」という冷蔵庫の本質的機能だけを求めるのではなく、「自分にあった冷蔵庫が欲しい」と考えるようになります。

子供が多くいる家庭では大容量の冷蔵庫が欲しいでしょうし、単身者は最小限の容量で電気代がそれほどかからない冷蔵庫が欲しいかもしれません。また、食べ物を美味しい状態で保管したいと考える人は、そのような特殊機能を持つ冷蔵庫を欲しがるかもしれません。

このように、経済が成熟化すると、消費者ニーズは多様化をしていくのです。

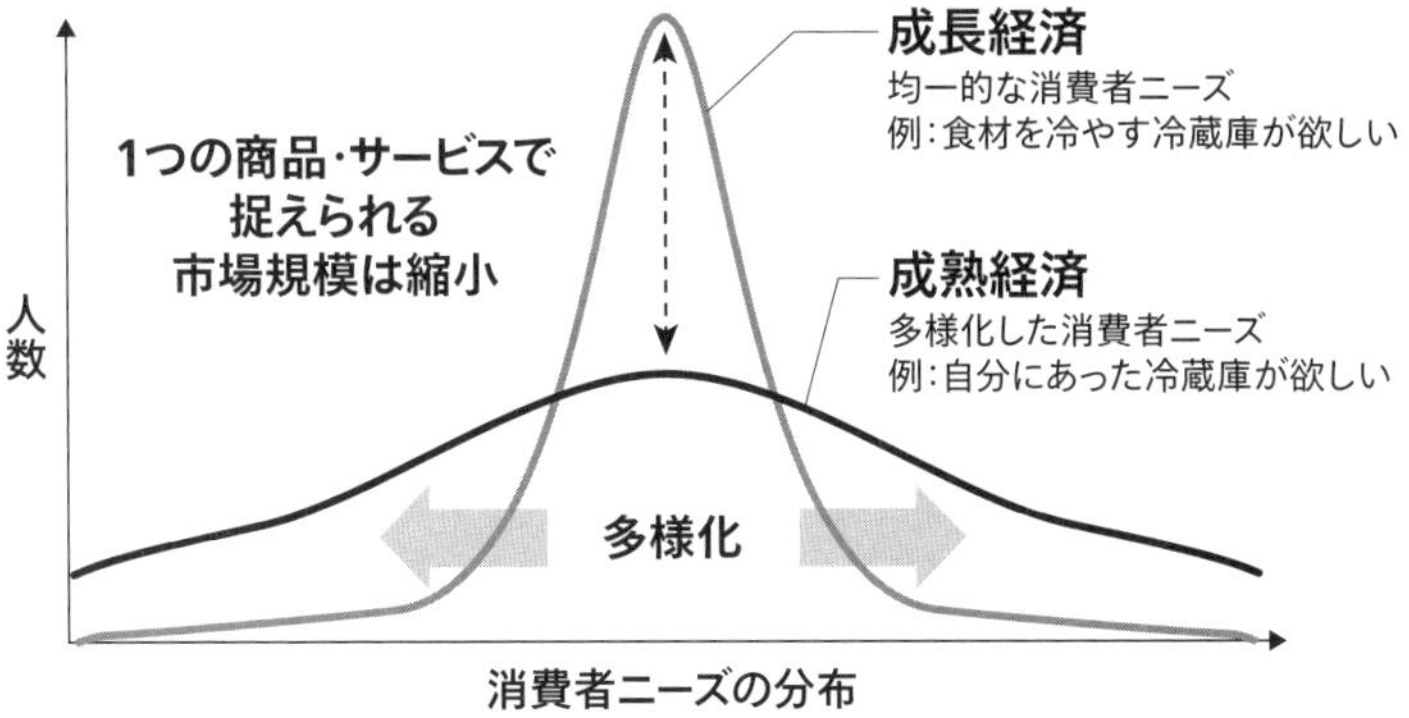

『スモールビジネス・マーケティング　小規模を強みに変えるマーケティング・プログラム』「P4 図1-1：消費者ニーズ多様化のモデル」（岩崎邦彦著　中央経済社）をもとに著者作成

そして、消費者ニーズが多様化していくと、必然的に一つの商品・サービスで捉えられる市場規模は小さくなることになります。

この、「一つの商品・サービスで捉えられる市場規模が小さくなる」という点がポイントです。

これをフランチャイズに当てはめると、

- 昔のようにまだ経済が成熟化していない時代には、消費者ニーズが均一的なものであったため、大規模展開が可能な余地が多分にあった
- 現代のように経済が成熟化し、消費者ニーズが多様化した時代には、昔と比べてそれぞれの市場規模が小さくなっている分、従来のように大規模展開できる可能性は低下している

ということができるのです。

3．大規模フランチャイズ展開には相応の先行投資が必要

3点目は、大規模なフランチャイズ展開を目指す場合、相応の先行投資が必要となる点です。

例えば、数年でフランチャイズ加盟店１００店舗超の体制を目指すケースを考えてみます。これを実現するためには、出店スピードに耐えるサポート体制を予め整備しておかなければなりません。

これを怠ってしまうと、店舗展開が進むにつれて加盟店舗の運営品質にばらつきが生じ、１店舗当たりの売り上げも低下していってしまいます。

加盟者から見れば、自分の店舗の売り上げが低下することは死活問題です。

このような状態に陥ったとすれば、加盟者との理念共有や信頼関係構築など実現できるはずもありません。

数店舗規模のフランチャイズ展開であれば、直営店の体制をブラッシュアップする

だけでも対応できるかもしれませんが、はじめから大規模展開しようとするのであれば、そういうわけにはいかないのです。

また、加盟店を増やしていくためには、それだけ加盟希望者からの問い合わせを獲得しなければなりません。

１００店舗超を実現するためには、数百万～数千万円規模の広告費用は覚悟しなければならないでしょう。

とはいえ、フランチャイズ展開を取り巻く環境が厳しさを増しているわけですから、フランチャイズ本部としての体制作りや加盟希望者を集めるための広告に多額の資金を投資したからといって、必ずしも大規模展開を実現できるわけではないのです。

このように、今の時代背景を考えると大規模なフランチャイズ展開で成功を収めることは、決して簡単なことではありません。

ましてや、経営環境がＶＵＣＡ化している今、はじめから大規模展開のために多額の投資を行うのは、非常にリスクの高い行為といえるのではないでしょうか。

通常の事業で考えても、多額の投資を行う前に、まずはテストマーケティング的に小さく始めて、勝てる確信を持てたタイミングで大きく勝負をした方が、経営リスクは小さいはずです。

小規模展開であれば、大規模展開を目指すのと比べて、そこまで大規模に仕組みを作り込む必要性はありません。そして、スタート時には小さく始めて、本部としての経験値を積んだ上で、途中から大規模展開に移行することも可能です。

以上の理由から、大規模展開を考えている場合でも、「まず3店舗」を目標に進めていくことを推奨しているのです。

「店をやりたい」と言われた人に、任せられる体制を作ろう！

ここ最近、「小規模フランチャイズ展開したい」というご相談が増えています。

その典型的なケースとしては「お客様や知人から『フランチャイズ加盟したい』と要望があったので対応したい」といったものです。

ただ、こういったケースだと、会社に十分な実績やサポート体制がないことがほとんどであることから、そのことを懸念して、フランチャイズ化に向けた一歩を踏み出せない方が多いようです。

また、世の中に溢れているフランチャイズ化に関する情報のほとんどが「フランチャイズ＝１００店舗超の店舗展開」を前提にしていることもあるでしょう。

そのような情報に触れて「うちの会社には無理だな……」と諦めてしまうのです。

これは、小規模なフランチャイズ展開を推奨する私にとって、とても残念なことです。

たしかに、１００店舗超の展開を目指す場合、必要な仕組みを整備するのは大変です。ただ、**目指す店舗数が数店舗規模の場合、１００店舗超を目指す場合と同じレベルの仕組みを用意する必要性はまったくないのです。**

１００店舗規模の展開を目指すのと、数店舗規模の展開を目指すのとでは、フランチャイズ本部としてのあり方は違って当然です。

そして、数店舗規模を目指すのであれば、小さな会社であっても十分に対応できるのです。実際、弊社の関係先でも数店舗規模でフランチャイズシステムを活用している例はたくさんあります。

これまでお伝えした通り、私はこれからの時代、店舗ビジネスを営む企業が中長期的に事業を継続・発展させていこうと考えた場合、フランチャイズシステムの活用は、極めて有効な選択肢の一つになるものと考えています。

そして、**お客様や知人から「フランチャイズ加盟したい」と要望があったのであれば、それはフランチャイズシステム導入の絶好の機会といえます。**

だからこそ「お店をやらせてほしい」といってくれる人が現れた時に、その人に任せられる体制をつくり、フランチャイズ展開の一歩を踏み出してほしいと思います。

第2章

本部にも加盟者にも、
小規模展開には「得」がたくさん！

小規模展開なら、「加盟させるべき人」だけに店舗経営を任せられる！

第1章では、店舗ビジネスを営む企業がフランチャイズシステムを導入すべき理由を紹介してきました。

本章では、小規模にフランチャイズシステムを活用するからこそ、本部や加盟者が得られるメリットを紹介していきたいと思います。

まずは、本部側のメリットから確認していきましょう。

小規模フランチャイズ展開だからこそ、本部が得られるメリットとして真っ先に挙げられるものが「加盟させるべき人＝本部の理念やビジョンに共感し、本部とともに力を合わせてフランチャイズ事業の経営に取り組んでくれる人だけを加盟させる」という、フランチャイズシステムの原理原則を遂行しやすい点です。

このようにいうと、「大規模展開する場合でも、加盟させるべき人だけをしっかりと見極めればいいじゃないか」と感じる方もいらっしゃるかもしれません。

しかし、これは口でいうのは簡単であっても、実際に遂行するのは非常に難しい問題です。

大規模展開を目指す場合、「いつまでに、何店舗展開する」といった目標が設定されているケースがほとんどです。加盟させるべき人だけに加盟を認めるスタンスで目標を達成できるのであれば何の問題ありません。

しかし、仮にこのスタンスで加盟希望者を募ったところ、目標達成が難しい事態が生じた場合はどうなるでしょうか。

「加盟させるべき人だけを加盟させる」というスタンスを維持して出店目標を下方修正するのか、「加盟させるべき人だけを加盟させる」というスタンスを見直す、具体的には加盟者の見極め基準を緩めて当初の出店目標の達成を目指すのか、本部は選択を迫られることになります。

この2択は、大規模展開を目指す本部経営者にとって、非常に悩ましい問題となるでしょう。

また、仮に本部として「加盟させるべき人だけを加盟させる」というスタンスを堅持することにしたとしても、「現場のスタッフがどのように考え、行動するか」はまた別の問題です。

出店目標を達成させるために個人の判断で加盟交渉段階において過度な営業トークをしてしまうなど、本部方針とは反する行動をとってしまうことは十分に考えられます。

そうなれば、本来加盟させるべきではない人が加盟することになる可能性はどんどん高くなっていきます。

このように、大規模展開を目指す場合、出店目標の達成を目指す分、必然的に加盟させるべきでない人を加盟させてしまうリスクが高まります。

フランチャイズシステムを活用して大規模展開を目指しながら、「加盟させるべき人だけを加盟させる」というフランチャイズシステムの原理原則を堅持することは、口でいうのは簡単でも、実践するのは非常に難しいことなのです。

そしていうまでもなく、加盟させるべきではない人を加盟させてしまうと、本部と加盟者の間でトラブルが発生する確率は高まることになります。私は、このフランチャイズ本部と加盟者のミスマッチが、フランチャイズ本部と加盟者間で多くのトラブルが発生している原因の一つであると確信しています。

だからこそ、フランチャイズ展開を成功させようと考えるのであれば、「加盟させるべき人だけを加盟させる」というフランチャイズシステムの原理原則は死守しなければならないのです。

そして、小規模フランチャイズ展開であれば、この原理原則を実践する難易度は、大規模展開を目指す場合と比べると大きく低下します。

小規模フランチャイズの場合、「まずは3店舗」の姿勢で進めていくため、たくさんの加盟希望者を集める必要性はありません。そのため、加盟希望者に対して過剰な営業をする必要性が無くなります。

店舗数の拡大を目的としないため、目先の出店目標に惑わされることなく、「この人こそ加盟させるべき人だ！」と確信がもてるまで、加盟希望者と十分にコミュニケーションを取った上で、加盟させるか否かを判断することができるのです。
また、加盟者の数が限られる分、加盟後も本部と加盟者とで密にコミュニケーションを取ることが可能です。そのため、加盟後、本部と加盟者との理念・ビジョンの共有や、信頼関係の維持・深化がしやすい点もメリットといえるでしょう。

本部の理念やビジョンに共感してくれる加盟者だけに店舗経営を任せることができれば、本部と加盟者の間でトラブルが発生するリスクを大きく抑制できることはもちろんのこと、チェーン全体の競争力も高まるはずです。

これを実現しやすい点は、小規模フランチャイズの大きなメリットといえるのではないでしょうか。

広告に多額の予算を割かなくても、地道な情報発信だけで希望者が集まる

大規模にフランチャイズ展開を進めていこうと考えた場合、多くの加盟希望者を集めなければなりません。仮に１００店舗超を目指すのであれば、数百万～数千万円規模の広告費用が発生することを覚悟しなければなりません。

一方、第1章でお伝えした通り、フランチャイズ本部間の加盟店獲得競争の激化や日本経済の成熟化・消費者ニーズの多様化に伴う大市場の消滅等の影響を受け、大規模なフランチャイズ展開を取り巻く環境は年々厳しさを増しています。

そのため、広告に多額の資金を投資したからといって、必ずしも多くの加盟希望者が集まるわけではありません。この点は、これからフランチャイズシステムを導入する企業にとって、大きなリスクとなります。

これに対して小規模フランチャイズの場合、そもそもたくさんの加盟希望者を集める必要性がないため、広告に多額の予算を割く必要性はありません。むしろ、私は広告をそれほど使わずに、地道な情報発信によって、本部の理念やビジョン、経営方針に共感してくれる加盟希望者を集めていく方法を推奨しています。

インターネットの普及や技術発展の結果、個人がブログやＳＮＳを通じて手軽に情報発信できる時代となりました。その結果、今は広告にお金をかけずとも、ブログやＳＮＳによる地道な情報発信を通じて、理想的な加盟希望者を集めることができるようになってきています。

大規模にフランチャイズ展開をしようと考えている場合、ブログやＳＮＳの情報発信だけでは、すでに一定の情報発信力を有しているケースを除くと、必要な数の加盟希望者を集めることは難しいかもしれません。

一方、小規模フランチャイズの場合には、数名の加盟希望者を集めればいいのですから、現時点で情報発信力を有していなくても、これからブログやＳＮＳによる地道な情報発信を継続していくことによって集めていくことは十分に可能です。

そして、ブログやSNSによる情報発信は、手間はかかりますが、広告費はかかりません。加盟希望者を集めるための広告予算が最小限で済むわけですから、小規模フランチャイズであれば、小規模な会社であっても十分に導入することができるのです。

もちろん、数名の加盟希望者を集めることも決して簡単なこととは言いませんが、実際にブログやSNSによる地道な情報発信だけで加盟者を獲得している例は多くあります。

例えば、弊社が小規模フランチャイズ展開をサポートさせていただいたラーメン店を1店舗経営するB社では、経営者とスタッフが週に1回程度の頻度で継続的にSNSを更新していたところ、徐々にSNS経由での問い合わせが増えていき、加盟希望者募集から1年間で3名の加盟者が決まった例があります。

なお、本部が発信しているブログやSNSの情報に触れて問い合わせをしてきた方は、本部の考え方や雰囲気等を知った上で加盟を希望してくれているため、広告だけを見て問い合わせをしてきた方と比べると、本部と相性が良い可能性が高くなります。

そのため、私は加盟者募集に広告を活用する場合であっても、本部経営者やスタッフにブログやＳＮＳで情報発信することを推奨しています。

この理想的な加盟者を獲得するための情報発信のあり方については、第４章で詳しく紹介します。

専門の人員を雇わなくてもOK。現スタッフだけでも対応できる

本格的にフランチャイズ展開を進めていこうと考えた場合、相応の組織体制を整備しなければなりません。例えば、多くの加盟希望者を集め、フランチャイズ事業の魅力やサポート体制を伝えていくためには、その担当者が必要です。また、加盟希望者に立地や物件を紹介する場合には、それらの情報を集める担当者も必要です。加えて、加盟後には加盟者を継続的にサポートしていく必要がありますので、その担当者も必要となるでしょう。

はじめからそれなりの規模でフランチャイズ展開を進めていこうと考えた場合、これらについて、十分な質と数の担当者を予め配置しておかなければなりません。そうでなければ、加盟店のフォローやサポートが追いつかず、加盟初期段階から本部の信頼を失ってしまうリスクがあるからです。

とはいえ、加盟者が集まるかどうかもわからない段階で先行して人材を確保し、本部としての体制を整えることは、固定費の増加に直結するため、本部にとって大きなリスクとなります。

このような背景もあり、これまでは「小さい会社のフランチャイズ展開は難しい」と考えられていたのです。

一方、小規模フランチャイズの場合、「まずは3店舗」の姿勢でフランチャイズ展開を進めていきます。そのため、一気に多くの加盟希望者が現れることを想定していません。

加えて、昨今ではオンライン化が急速に進み、加盟者とのコミュニケーションにかかるコストは、従来と比べて激減しています。例えば、オンラインミーティングのシステムが普及する前は、加盟者と面談を行うには対面する必要がありましたが、昨今では、ほとんどの面談はオンラインミーティングで行うことができるようになっています。

このような前提条件の違いがあることもあり、**小規模フランチャイズの場合には新**

小規模フランチャイズの体制例

本部経営者	本部としての方針策定や加盟者とのコミュニケーション全般を担当
既存兼任スタッフ1〜2名	本部経営者のフォロー、加盟者の初期研修や開業後のオペレーション指導等を担当

たに専属の人員を配置する必要性は低く、既存人員の兼任で十分に対応することが可能です。

実際、これまで弊社が小規模フランチャイズ展開のサポートをさせていただいた会社を見ても、加盟店が3〜5店舗程度の規模であれば、経営者に加えて、既存事業との兼任スタッフ1〜2名で十分に対応できています。

フランチャイズ事業の専属人員を配置しなければならないとなるとフランチャイズ展開のリスクが高くなるため、小規模な企業にとっては一歩を踏み出しにくくなります。

しかし、既存の人材だけでも対応できるのであれば、小規模な企業であっても取り組むことができるはずです。

大規模展開でありがちな「カニバリゼーション」のリスクも避けられる！

小規模フランチャイズの場合、大規模フランチャイズにありがちな「カニバリゼーション」のリスクを回避できることもポイントです。

これまでの店舗ビジネスの歴史を振り返ると、フランチャイズシステムを活用して急成長を遂げた本部が、その直後に業績不振に陥り、急拡大から一転して店舗が急減するような事象が何度も発生しています。

最近では、ある飲食チェーンが、急拡大から一転して会社存亡の危機にまで陥る事象が世間でも話題になりました。

それだけのスピード展開を実現できたのですから、そのビジネスモデル自体に魅力があったことは疑いようのない事実です。

ところが、店舗展開を進めるにつれて徐々に1店舗当たりの売り上げが減少していく結果となったのです。

その原因の一つが「カニバリゼーション」です。

急速に店舗展開を押し進めた結果、店舗間での顧客の奪い合いが発生し、チェーン全体の売り上げは伸びているものの、１店舗当たりの売り上げは徐々に低下していたのです。

加盟者の立場から見れば、チェーン全体の売り上げが伸びていたとしても、それはそれほど重要なことではありません。

大切なことは「自店舗の売り上げ」であり、たとえチェーン全体の売り上げが伸びていたとしても、自身が経営する店舗の売り上げが低下していくことは、加盟者にとって致命傷となるのです。

結果的に、加盟者の撤退が相次ぎ、店舗数が急減する結果となりました。

もちろん、本部としても商圏となるエリアを想定し、カニバリゼーションが発生しないように出店を進めていたはずです。しかし、蓋を開けてみれば想定以上に商圏が広範囲に広がっており、しかも店舗展開の速度が速かったこともあって、カニバリゼーション発生の事実に気がついた時には、すでに手遅れになっていたのです。

「カニバリゼーションのリスクがあることがわかっているのだから、注意していれば大丈夫だろう」と感じる方もいるかもしれません。

しかし、過去にも同様の事象が何度も発生していることを考えると、急速に店舗展開を進めようと考えた場合、この問題を回避することは決して簡単なことではないのでしょう。

この点、小規模フランチャイズであれば、このリスクを容易に回避することができます。

スピーディーな店舗展開を前提としていないため、カニバリゼーションが発生していないかどうか、すなわち店舗展開が進むにつれて1店舗当たりの売り上げが低下していないかどうかを慎重に検証しながら、段階的に店舗数を増やしていくことができるからです。

そして、カニバリゼーション発生リスクを抑制できる点は、本部はもちろん、加盟者にとってもメリットといえるでしょう。

フランチャイズと相性が悪い「専門性の高い店」も、小規模展開なら十分可能

小規模フランチャイズであれば、これまでフランチャイズシステムと相性が悪いと捉えられていた「専門性の高い店」であっても導入することができます。

繰り返しお伝えしている通り、これまでフランチャイズ展開といえば、数百、数千店舗超の店舗展開を目指すことが常識とされていました。

そのため、

- 1店舗の商圏が「関東全域」などのようにとても広く、国内で展開できる店舗数が限られる
- 店舗運営に高い技術力が必要で、その技術を習得するまでに年単位の時間が必要等の特徴がある専門性の高いビジネスモデルの場合、フランチャイズシステムとは相性が悪いと考えられていました。

国内で展開できる店舗数が限られていれば、はじめから数百、数千店舗の展開は期待できません。

また、技術を習得するまでに長い時間が必要となると、加盟店から見ると研修費や研修期間中の人件費等のコスト負担が重たくなるため、加盟希望者を集めることが難しくなりますし、そもそも多店舗化をしながら店舗の運営レベルを高い水準で維持することが難しいという問題もあります。

これまでも、店舗展開が進むにつれて店舗の運営レベルにばらつきが生まれ、徐々に消費者からの信頼が失われていき、チェーンとしての競争力を失ってしまうような例が何度もありました。

このようなケースの多くは、加盟店に求められる技術レベルが高かったことが原因の一つになっていたように思います。

この点も、小規模フランチャイズの場合には、心配する必要はありません。

国内で展開できる店舗数が限られていたとしても、数店舗規模の展開しか想定していない小規模フランチャイズの場合はまったく問題ありません。

また、技術を習得するまでに長い時間が必要で、研修費や研修期間中の人件費等のコスト負担が重たい点は、加盟希望者を集める際のハードルとなりますが、それでも集める加盟希望者が少なくていい分、一度入社してもらって十分な知識と技術を身につけた上でフランチャイズ加盟してもらう、いわゆる「のれん分け方式」の導入で対応する等、大規模にフランチャイズ展開しようと考えているケースと比べれば対応の余地があるのです。

また、店舗数が少なければ、当然に技術レベルの安定化も実現しやすくなります。

このように、**従来はフランチャイズシステムとは相性が悪いと考えられていた「専門性の高い店」であったとしても、小規模フランチャイズであれば、無理なく導入することができるのです。**

フランチャイズ展開が軌道に乗ったら、大規模展開を考える道も

また、小規模にフランチャイズ展開をスタートしたからといって、大規模展開ができないのかというと、そういうわけではありません。

小規模フランチャイズから始めて、段階的に大規模なフランチャイズ展開に発展させていくことも可能です。

先にもお伝えした通り、大規模にフランチャイズ展開を進めていこうと考えた場合、本部は相応の投資をして大規模展開に耐えられる体制を予め整えておかなければなりません。

しかし、すでにお伝えした通り、大規模なフランチャイズ展開を取り巻く環境が年々厳しくなる中、はじめから多額の投資を行うことには非常にリスクの高い行為ともいえます。

経営基盤が盤石で、数百万円、数千万円単位の投資に失敗したとしても耐えられる会社は、このリスクを取ることができるかもしれません。しかし、ほとんどの会社にとって、VUCA化が進む現代においてこのようなリスクを取ることは難しいでしょう。

だからこそ、必要最低限の仕組みで小規模にフランチャイズ展開をスタートし、加盟店の業績や加盟希望者の獲得が上手く進むようであれば、後から段階的に仕組みや機能を充足していき、大規模フランチャイズ展開に発展させていく方が現実的といえるのではないでしょうか。

弊社がフランチャイズシステムの導入をサポートさせていただいた子供を対象とした教育事業を営むC社は、もともと大規模にフランチャイズ展開をする意向はありませんでした。

C社経営者の知人から「加盟させてほしい」と要望があったことから、そのような方に対応できる程度に、最小限の仕組みで小規模にフランチャイズ展開をスタートしたのです。

小さく始めて、大きく育てるフランチャイズ展開の流れ

最小限の仕組みで、小規模にフランチャイズ展開をスタート

▼

フランチャイズ展開の状況を見ながら、
本格的な展開に向けて仕組みや機能を充足

▼

勝算が見えてきた段階で、大規模フランチャイズ展開をスタート

ところが、いざフランチャイズ加盟店がオープンすると、本部や加盟者の想像をはるかに上回る好業績となり、紹介や口コミで加盟希望者が急増する事態となりました。この機会をチャンスと捉えたC社は、そこから本格的なフランチャイズ展開の準備に着手し、フランチャイズ加盟店の一般募集を開始することにしたのです。

その結果、フランチャイズ展開を開始してから3年目で、フランチャイズ加盟店40店舗体制が見えるほどに順調に拡大を進めています。

「まずは3店舗」の姿勢で始め、フランチャイズ展開が軌道に乗るようであれば、大規模展開に耐えうる体制整備に投資をして勝負をかける。

これこそ、ＶＵＣＡ化が進む現代における理想的なフランチャイズ展開のあり方といえるのではないでしょうか。

小規模フランチャイズに加盟することは、加盟者側にもたくさんのメリットがある

これまで、主に小規模フランチャイズの本部側のメリットを確認してきました。
ここまでお読みいただいて、「加盟者から見ると、小規模フランチャイズに加盟するメリットがあるのだろうか？」と感じられた方もいるのではないでしょうか。

たしかに普通に考えれば、加盟店が少ない本部よりも、加盟店が多い本部に加盟する方が、それだけ本部のノウハウも蓄積されているわけですから、メリットが大きいように感じるかもしれません。

例えば、店舗数が多ければ、その分だけデータが揃っているわけですから、出店候補地を検討する際の立地評価も精度の高い評価ができるでしょう。

また、マニュアルや情報システム等の仕組みも、フランチャイズ展開の進展と併せてブラッシュアップが進んでいるはずです。

このように考えれば、加盟者から見れば、大規模なフランチャイズ本部に加盟した方が良いように感じられます。

しかし、**小規模なフランチャイズ本部だからこそ加盟者が得られるメリットもある**のです。私自身が小規模フランチャイズ本部の加盟店第1号店として加盟した経験があり、このメリットの大きさを実感しています。

そこで加盟者視点から見た小規模フランチャイズに加盟するメリットについても確認をしていきたいと思います。

1．本部経営者との距離感が近い

小規模フランチャイズに加盟するメリットの1つ目は、本部経営者との距離感が近いことです。

大規模なフランチャイズ本部の場合、一加盟者が本部の経営者と個別にコミュニケーションを取る機会などそうありません。

一方、**小規模なフランチャイズ本部では、ほとんどの場合、本部経営者と直接コミュニケーションを取ることが可能**です。

私も加盟しているフランチャイズ本部の経営者と、日々メール等で直接やりとりしていますし、相談事やお願い事が生じた時には個別に相談をさせてもらっています。

私は大手フランチャイズ本部に勤務していた経験もありますが、本部経営者が一加盟者の相談やお願い事に個別に対応することなど当時は考えられませんでした。

この本部経営者と加盟者の距離感の近さは、小規模フランチャイズならではのメリットだと思います。

フランチャイズ本部の経営者からすれば、数少ない加盟者を失敗させるわけにはいかないため、一社一社にかける想いが強くなります。

必然的に、相談事やお願い事にも真剣に向き合ってくれますし、できる限りのサポートをしてくれるのです。

弊社が小規模フランチャイズ展開をサポートさせていただいた会社の中には、はじめての加盟店がオープンする際、オープンしてから1ヵ月もの間、本部経営者が現地に頻繁に通って直接サポートをしていた例もあります。

店舗数が増えれば、本部の経営者が全加盟者と直接やりとりするわけにはいきません。

従って、店舗数の拡大とともに、本部経営者と加盟者とのコミュニケーションの頻度は必然的に減少していくことになります。

本部経営者と近い距離感で、密にコミュニケーションを取りながら、信頼関係をもって事業に取り組むことができる点は、小規模なフランチャイズに加盟するからこそ加盟者が得られるメリットなのです。

2. 好条件の立地・商圏を確保できる

小規模フランチャイズに加盟するメリットの2つ目は、好条件の立地・商圏を確保できる点です。

基本的に、チェーン店は好業績が見込まれる商圏から優先的に店舗を出店していきます。そのため、大規模展開しているフランチャイズ本部の場合、好条件の商圏はすでに出店済みであることが大半です。

すでに出店済みの商圏に新たに出店することはできないため、新規の加盟者は残された未出店商圏、すなわち魅力の薄い商圏の中から出店立地を選ぶことになります。

また、仮に好条件の未出店商圏があり、その商圏内で候補立地が見つかったとしても、そのような立地・商圏は既存の加盟者から声をかけていくのが一般的です。

フランチャイズ本部としても、好条件の立地・商圏は、経験のある方に経営してもらいたいと考えるからです。

そのため、大規模に展開しているフランチャイズ本部に新たに加盟する場合、好条件の立地・商圏で出店できる可能性は低いのです。

一方、小規模フランチャイズの場合、まだ展開がそれほど進んでいないわけですから、好条件の未出店商圏が多数存在するはずであり、それらの商圏を自由に選ぶことができます。

フランチャイズ本部としても、初期段階の加盟者には絶対に成功してもらいたいので、新規の加盟者であったとしても、積極的に好条件の立地・商圏をおすすめしてくれるでしょう。

これらの結果、小規模フランチャイズの場合、不確実性が高い代わりに好条件の立地や商圏を確保できる可能性が高いのです。この点も、大規模フランチャイズにはないメリットといえるのではないでしょうか。

3．事業が大化けする可能性を秘めている

小規模フランチャイズに加盟するメリットの3つ目は、事業が大化けする可能性を秘めている点です。

すでに大規模に展開しているフランチャイズの場合、すでに一定程度市場に普及していることもあって、新たに店舗を開店する場合にも、ある程度高い精度で業績を予想することができます。

そのため、大失敗する可能性も低い代わりに、想定をはるかに超える好業績という

小さいのです。

一方、まだほとんど市場に普及していない小規模フランチャイズの場合、振れ幅が大きくなります。

先に説明した好条件の立地や商圏を確保できるメリットも相まって、想像をはるかに超える好業績が生まれる可能性もそれなりにあるのです。

また、1店舗目が大繁盛した場合、まだまだ出店余地があるわけですから、好条件の立地や商圏で2店舗目、3店舗目と多店舗展開を進めていくことも可能です。

このように、小規模フランチャイズへの加盟は、リスクが大きい分、事業が大化けする可能性を秘めているのです。

この点をメリットと捉えるのか、デメリットと捉えるのかは人それぞれですが、このリスクをチャンスと捉えられる人からみれば、小規模フランチャイズに加盟するメリットがあるといえるでしょう。

このように、小規模なフランチャイズ本部だからこそ加盟者が得られるメリットも多数存在するのです。裏を返せば、小規模なフランチャイズ展開を考えるのであれば、本部はこれらのメリットを磨き上げるとともに、加盟希望者に正しく伝える努力をしていくことが求められるといえるでしょう。

小規模フランチャイズで理念やビジョンを共有した経営者集団を創出する

フランチャイズ本部と加盟者間の争いがメディアで頻繁に取り上げられることもあり、フランチャイズシステムに対してネガティブなイメージを持つ方も多いでしょう。

私も、フランチャイズ本部で働いている時には、フランチャイズシステムに対してネガティブなイメージを持つ一人でした。

ただ、今では**フランチャイズシステムは本部にとっても加盟者にとってもメリットのあるＷｉｎ－Ｗｉｎのシステム**であると確信しています。

それでは、なぜＷｉｎ－Ｗｉｎのシステムであるにもかかわらず、フランチャイズシステムでは本部と加盟者間でのトラブルが絶えないのでしょうか。**この点、私は本部、加盟者ともに「儲かること」に焦点が偏り過ぎていることに一因があるのではないかと考えています。**

より具体的に言うと、

- 本部は、加盟者がフランチャイズ加盟することで大きな利益が得られることを中心にアピールする
- 加盟者は、どれくらい利益を得られるかを重視して加盟するフランチャイズ本部を選択している

ということです。

事業である以上、「儲かるかどうか」が大切であることは間違いありません。

しかし、どのような事業に取り組むかは、本来「儲かるかどうか」だけで判断するものではないはずです。「儲かるかどうか」以前に、「その事業にかける想い」があるのではないでしょうか。

私は、ビジネスを成功させるためには、想いと収益性のバランスを取ることが不可欠であり、このバランスがとれていない事業は、高い確率で上手くいかないものと考えています。

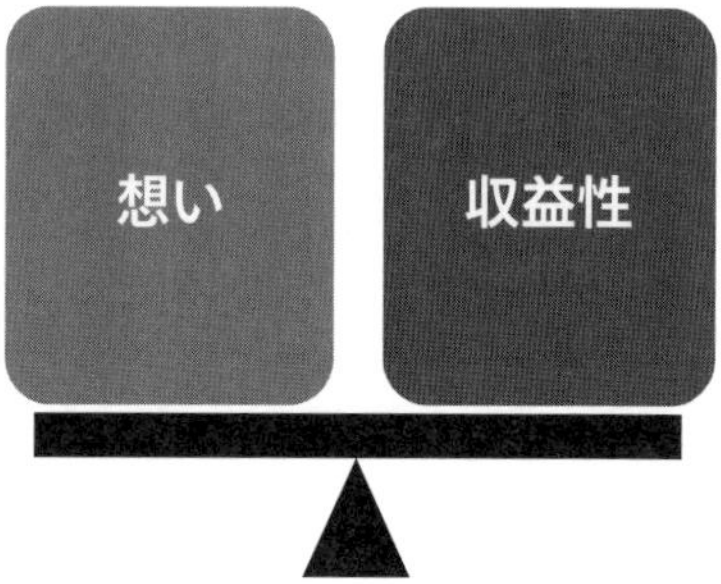

事業成功には、想いと収益性のバランスを取ることが必須!

弊社では、これまで店舗ビジネスで起業される方を数多くサポートしてきましたが、起業する背景に「お金を稼ぐこと」以外に明確な想いがある人の方が、「お金を稼ぐこと」が第一目標の方と比べて、成功する確率が明らかに高いことを実感しています。

明確な想いがあるからといって、起業直後から上手くいくわけではありません。

しかし、**起業する背景に明確な想いがある人は、はじめは上手くいかなくても、自らの想いを実現するために継続的に努力することができるため、最終的に成功までたどり着くことができるのです。**

一方、事業を開始する目的が「お金を稼ぐこと」になっている人は、はじめに上手くいかないと、そこで心が折れて事業を継続することを諦めてしまいます。そのため、成功までたどり着く確率が低いのです。

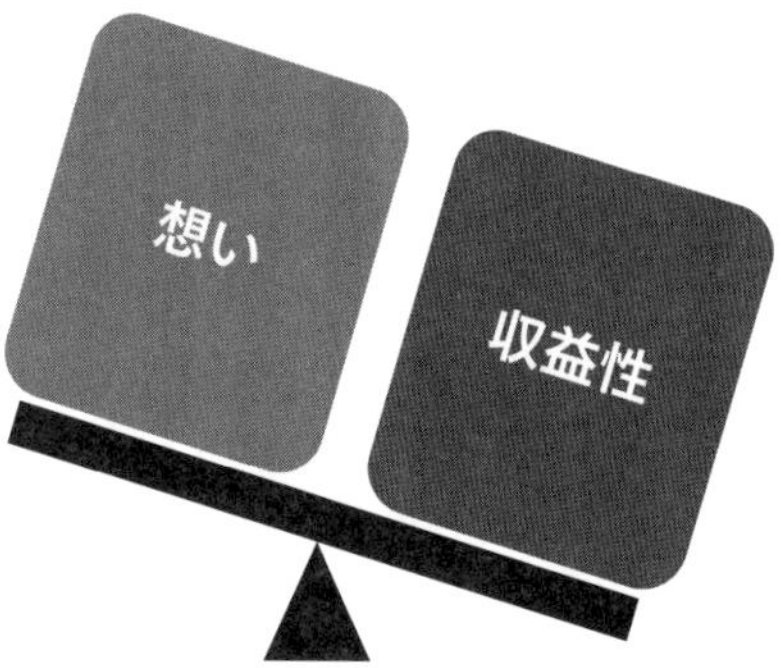

想いと収益性のバランスが崩れると事業は上手くいかない!

ところが、フランチャイズ業界では、多くの本部が「儲かること」を積極的にアピールして加盟者を集め、多くの加盟者が「儲かるかどうか」を基準に加盟する本部の検討を行っているように思います。

つまり、**本部、加盟者ともに、想いと収益性のバランスが崩れているのです。**

本部から「儲かること」をアピールされ、加盟者が「儲かること」を基準に加盟するフランチャイズ本部を選択した場合、事業開始後、儲からなければトラブルとなることは避けようがありません。

逆に、**事業に対する想いを本部と加盟者で共有することができていれば、事業開始後、仮に儲からない事態が発生したとしても、苦難を乗り越えるべく、本部と加盟者が力を合わせて克服に向けて取り組んでいける**はずです。

必然的に、トラブルが発生する確率も低下します。

だからこそ、**本部としては自らの理念やビジョンを継続的に情報発信し、理念に共感・共鳴してくれる方だけを加盟させていく必要がありますし、加盟者としては、理念に共感・共鳴できる本部を選択する必要があるのです。**

そして、本章でお伝えしてきた通り、私はこのことを最も実現しやすい方法が、フランチャイズシステムを小規模に活用する方法だと考えています。

是非、小規模フランチャイズでチェーン内に理念やビジョンを共有した経営者集団を創出し、競合他社に負けない強い組織をつくりあげてほしいと思います。

第3章

加盟店が成功を再現できるように、「成功の仕組み」をパッケージ化

本部から加盟者に「成功の仕組み」を提供するのがフランチャイズ経営

ここまでは主に現代の店舗ビジネスにおいて小規模フランチャイズが求められている理由を紹介してきました。

本章からは、実際に小規模フランチャイズを導入する上での考え方やポイントを紹介していきたいと思います。


第1章でも説明した通り、フランチャイズシステムとは、本部から加盟者に対して事業に成功するためのブランドや経営ノウハウ、すなわち「成功の仕組み」を用いて事業を行う権利を与え、その見返りとして加盟者から加盟金やロイヤリティ等の対価を受け取る仕組みです。

つまり、フランチャイズシステムでは、**本部の持つ「成功の仕組み」が、「本部が加盟者に提供する商品」**ということになります。

そのため、小規模フランチャイズを導入しようと考えるのであれば、まずは商品となる「成功の仕組み」を明確化していく必要があります。

とはいえ成功の仕組みが何を意味するのか、イメージがわかない方が大半かもしれません。この成功の仕組みが具体的に何を指すのかというと、大きく分けて「**ビジネスモデル**」と「**フランチャイズパッケージ**」の２つに分類することができます。

それではここからビジネスモデルとフランチャイズパッケージの考え方について、それぞれ確認していきましょう。

まずは直営店の経験の棚卸しで「ビジネスモデル」を明確にする

小規模フランチャイズを導入しようと考えた時に、はじめに行わなければならないことは、直営店のビジネスモデルの棚卸しを行い、フランチャイズ展開するビジネスモデルを明確化すること、すなわちフランチャイズ事業で成功するためのポイントや加盟者が守るべきルールを明確化することです。

フランチャイズ展開するビジネスモデルを明確にすべき理由は2つあります。

理由の1つ目は、加盟者の「成功の再現性」を担保するためです。

加盟者は、本部が開発した「成功する仕組み」を用いて事業を経営することにより、独自に立ち上げた場合と比較して高い確率で成功できることを期待して、フランチャイズに加盟します。

そのためフランチャイズシステムでは、加盟者に成功してもらうことが何よりも重要であり、本部としては、再現性のある成功システムを確立しておかなければなりません。

そしてこのためには、すでに成功している本部直営店舗のビジネスモデルの棚卸しを行い、成功するための重要なポイントや守るべきルールを明確にしておく必要があります。

仮に、店舗の作り方や商品・サービス提供の方法等を加盟者に任せてしまっていたとするのであれば、加盟者が成功するかどうかは加盟者次第ということになってしまいます。この状態では、本部から加盟者に「成功する仕組み」を提供したとは言えないでしょう。

一方、直営店舗のビジネスモデルの棚卸しを行って成功するための重要なポイントや守るべきルールを明確化し、それらを反映させたビジネスモデルで加盟店にフランチャイズ事業の経営をしてもらうのであれば、加盟店の「成功の再現性」を高めていくことができるはずです。

理由の2つ目は、フランチャイズ展開するブランドのイメージを保つためです。

フランチャイズシステムでは、加盟者に本部のブランドを用いて店舗を経営してもらうことが基本となります。そのため、店舗を利用する顧客から見ると、直営店もフランチャイズ加盟店も、同じグループの店舗として捉えられることになります。

仮にそれぞれの加盟者が独自に店舗作りや運営を行ってしまったとすると、顧客視点で考えれば、同じグループの店舗であるにもかかわらず利用する店舗によって受けられるサービスにばらつきが生じることになってしまいます。

この状態では、グループとしての信頼性を損ない、結果、ブランドイメージの低下につながっていくことが懸念されます。

このような状態を避けるためにも、本部はフランチャイズ展開するビジネスモデルを明確化し、直営店、フランチャイズ加盟店にかかわらず全店で統一した店作りや店舗運営を行っていく必要があるのです。

成功体験をビジネスモデル化して、提供可能にするポイント

それでは、どのようなな視点からビジネスモデルの棚卸しを進めていけば良いのでしょうか。この点、当社では次の3ステップの流れで進めていくことを推奨しています。

1．事業ドメインを明確化する

事業ドメインとは、フランチャイズ事業を展開する事業領域のことで、コンセプトともいわれます。一言で説明すると「**誰に、どのような価値を提供し、どこで差別化するのか**」を言語化したものです。

第1章でもお伝えした通り、成長経済時代には、幅広い顧客ニーズに対応した事業が顧客から選ばれる傾向にありましたが、経済が成熟し、あらゆる業界において競争

環境が激化している現代においては、**特定の顧客ニーズに事業範囲を絞り込み、自社の経営資源を集中的に投下していくこと**が求められています。

例えば、居酒屋業界であれば、幅広い顧客のニーズにワンストップで対応できる「総合居酒屋」が大流行した時代がありました。しかし、経済が成熟化し、顧客ニーズが多様化している現代では、「総合居酒屋」が低迷する一方、餃子居酒屋、串カツ居酒屋、日本酒居酒屋などといった「専門居酒屋」が台頭してきています。

加盟者に「成功する仕組み」を提供するフランチャイズ本部は、その性質上、経営環境の変化に合わせてビジネスモデルをブラッシュアップし続ける義務があります。その際の基準になるものが事業ドメインです。

この基準がなければ、環境変化に対応するためのビジネスモデルのブラッシュアップに一貫性を持たせることが難しくなります。

ビジネスモデルの軸がぶれてしまっていては、あらゆる業界において競争環境が激化している今の時代、競争に勝ち残っていくことは難しいでしょう。だからこそフランチャイズ展開を開始する前に、自社の事業ドメインを明確化し、今後の事業展開の道しるべとする必要があるのです。

事業ドメインを検討するにあたっては、以下の3つの観点から整理をしてみると良いでしょう。

(1) ターゲットとする顧客のニーズ

どのような顧客の、どのようなニーズを対象にするのかを明らかにします。

従来は「40代の主婦層」等といったように、顧客の性別や年齢、職業等でターゲットを絞る風潮がありましたが、現代では、同じ性別・年齢・職業であっても、ニーズは様々ですし、同じ人でも状況によってニーズが変化します。

例えば、「お酒を飲む」といっても、「自分一人で軽く飲む」のか、「交際相手と飲む」のか、「学生時代からの友人と飲む」のか、「家族と飲む」のかなど、その時の利用シーンによってニーズが変わり、選択するお店も変わるはずです。

そのため、顧客の性別や年齢、職業だけでターゲットを絞ることは、現代においてはあまり意味がありません。

「どのような顧客の、どのようなニーズを対象とするのか」までを明らかにしておく必要があるのです。

先のお酒を飲む例でいえば、「落ち着いた雰囲気で会話を楽しみたい」、「センスの良いお店を知っていることを交際相手にアピールしたい」、「できるだけ安価に、それなりに美味しい料理やお酒を楽しみたい」等のイメージです。

顧客の性別や年齢、職業だけではなく、具体的なニーズまでを想定して店作りを行うことによって、専門性が高まり、競合他社との違いを生み出すことができるようになるのです。

⑵ 顧客に提供する価値

ターゲットとする顧客ニーズに対して、自社が提供する価値を明らかにします。

ここで大切なことは、具体的な商品やサービスではなく、「**体験の価値**」で設定することです。

というのも、経済が成熟化し、人々の生活が豊かになった現代は、**商品やサービス**

を購入することに価値を感じる「モノ消費」ではなく、新しいコト、珍しいコトを体験することに価値を感じる「コト消費」が求められている時代だからです。

例えば、カフェチェーンで国内店舗数ナンバーワンのスターバックスが提唱している概念に「自宅でも職場でもないサードプレイス」というものがあります。「お客様のサードプレイスとしてより豊かで潤いのある時間を提供する」という想いが込められているようですが、これはまさに、顧客に提供する価値をモノではなく、コト＝体験で捉えている典型例といえます。

実際、スターバックスのお店のあり方を見てみると、店内の雰囲気や接客サービスなど、すべてがこのコンセプトに基づいて設計されていることが読み取れるはずです。

現代はどこにでもカフェまたはカフェの代わりに利用できるお店が存在しますが、スターバックスのような体験ができるカフェは、それほど多くありません。

このように、顧客に提供する体験価値に基づいて一貫した店舗作りを行ってきたことが、スターバックスの最大の強みであり、カフェ国内店舗数ナンバーワンの地位を築くことができた要因といえるのではないでしょうか。

スターバックスの例のように、自社が顧客に提供するものを体験価値ベースで捉え、この基準に基づいて店舗のあり方を探求していくことによって、魅力的で一貫性のあるビジネスモデルを構築することができるのです。

(3) 競合に対する優位性

最後に、**競合に対する自社の優位性、すなわち「ここだけは絶対に負けない」という差別化のポイント**を明らかにします。

経済が成熟化した現代では、どのようなビジネスであっても競合が存在し、競争環境は年々激化しているはずです。

このような環境では、競合に対する自社の優位性が不明瞭な企業が生き残っていくことは難しいでしょう。

まだ市場が成長している事業の場合には、競合に対する優位性をそれほど意識する必要がないケースもありますが、時間の経過とともに市場が成熟化していけば、自ずと競合店も増えていきます。

そうなると、競合店に対する優位性の無い企業が淘汰されていくことは避けられません。

だからこそ、競合に対する自社の優位性を明確化し、それを継続的にブラッシュアップし続けていかなければなりません。

例えば、弊社が小規模フランチャイズ展開をサポートしているフィットネススタジオのフランチャイズチェーンＤ社では、「インストラクターの提供するサービス品質」を競合に対する優位性と捉え、この実現のために必要な仕組みのあり方を日々探求し、ブラッシュアップし続けています。

具体的には、

- 高い技術と人間性を兼ね備えたインストラクターを育てる教育研修の仕組み
- 基準を満たしたインストラクターを安定的に確保する採用の仕組み
- サービス品質を高い水準で維持するための指導の仕組み

等といった内容です。

このように本部が「ここだけは絶対に負けない」という競合に対する優位性を明確に設定し、継続的に磨き続けていれば、市場が成熟し、競争環境が厳しくなったとしても、勝ち残っていくことができるはずです。

2. 事業ドメインに基づいて顧客接点のあり方を整理する

事業ドメインを明確化したら、次はその事業ドメインに基づき、顧客接点のあり方を整理していきます。

本部は加盟者に対して成功する仕組みを提供する必要がありますから、加盟者が店舗で提供する商品・サービスや店舗内外装などといった顧客との接点は、本部が基準やルールを定めておかなければなりません。

フランチャイズ展開を考えている場合、すでに直営店があるはずですが、先に検討した事業ドメインやフランチャイズシステムの特性の視点から考えると、見直しが必要な部分がでてくることもあるはずです。

そこで、明確化した事業ドメインやフランチャイズシステムの特性の視点から、今後の基準となる顧客接点のあり方を検討し、整理していきます。

整理しなければいけない顧客接点は業種業態によっても変わりますが、おおむね以下のような視点から整理しておくと良いでしょう。

(1) 商品・サービス

店舗で提供する商品・サービスの種類や価格を明らかにします。

フランチャイズ展開をしようとするほどですから、基本的に提供する商品・サービスは決まっているはずですが、商品・サービスの種類によってはフランチャイズには向かないものもあります。

例えば、提供するのに高い技術が必要で、技術を習得するまでに長い時間がかかるような商品・サービスを本部よりも経験やノウハウの少ない加盟者に提供させようとすると、店舗によって商品・サービスの品質にばらつきが生まれ、結果的にチェーン全体の競争力を引き下げることにもなりかねません。

このようなことが想定される場合は、「加盟店で取り扱う商品・サービスは、運営品質を維持できるレベルのものに絞り込む」などの対応が必要になるかもしれません。

例えば、弊社がフランチャイズ展開をサポートした美容系サロンでは、フランチャイズ展開のスタートに先立ち、技術習得期間の短いメニューだけに絞り込んだ新しいサロン業態を開発し、実験店舗として出店した例があります。

また、本部よりもノウハウや経験が少ない加盟者が運営する店舗は、初期段階では直営店に比べて収益性が低くなる傾向にあります。

加えて、加盟者にはロイヤリティなどの直営店には存在しない追加コストが発生することを考えると、直営店では現状の商品・サービスで十分に収益を確保することができていたとしても、「加盟店では十分な利益を確保することができない」といった事態が生じることも考えられます。

このようなことが想定される場合には、収益性を高めるための商品・サービスを新たに導入するなどの対応が必要になるかもしれません。

⑵ 運営体制

店舗の営業時間や人員体制を明らかにします。

すでに直営店舗が営業をしているはずですから、営業時間や人員体制は決まっているかもしれませんが、その内容がベストでないことも考えられます。

例えば、

- 直営店舗では朝8時から夜の23時まで営業しているけど、22時～23時まではほとんど顧客の利用がないので、営業時間を短縮することで、収益性を高められるかもしれない
- 直営店舗では社員3名体制で運営しているけれど、手待ち時間が発生しているため、社員2名＋アルバイトの体制にした方が人件費を抑制できるかもしれない

といったようなイメージです。

店舗の収益性を最大限に高めるために、現時点における理想的な運営体制を検討します。

また、フランチャイズ展開を始めるにあたって店舗のオペレーションが変わることもあるため、その点も考慮しておく必要があります。

例えば、飲食店では現在店舗で仕込みを行っているものを、フランチャイズ展開開始後は、「本部がセントラルキッチンで加工し、加盟店に供給する」といったオペレーションに変更することがあります。

この場合、店舗では仕込みに必要な人員が不要となるため、運営体制が直営店とは

異なるものになるはずです。

(3) 店舗形態

店舗の広さや内外装デザイン、必要設備・備品等を明らかにします。

店舗形態のあり方は店舗経営の成否に直結する上に、基本的に後から作り直すことができないため、特に入念に検討しておく必要があります。

「生産性向上」、「投資回収」、「ブランドイメージの担保」等の観点から検討し、重要なポイントの整理をしていきます。

具体的には、

- 最も生産性の高い店舗面積はどれくらいか
- 費用対効果を最大化するためにはどのような設備・備品を導入すべきか
- ブランドイメージを保つために内外装デザインはどこまで統一すべきか

等といった内容です。

店舗形態を統一することは、成功の仕組みを提供するフランチャイズ本部にとって非常に重要なポイントとなりますので、店舗形態の標準形を明確化し、加盟者にも遵守してもらう必要があるでしょう。

(4) 立地条件

フランチャイズ事業が成立する立地条件を明らかにします。

特に店舗型ビジネスでは、**「成功するかしないかの7割は立地で決まる」**といわれるほど、立地条件は重要な要素となります。

成功の再現性を担保するためにも、立地条件については妥協することなく、事業が成立する条件を細かく洗い出していく必要があります。

進め方としては、現在展開している直営店の条件を分析し、重要な条件を洗い出していきます。最低限、以下の内容は整理しておくべきでしょう。

① 立地タイプ

駅前、繁華街、住宅地、商店街、オフィス街、郊外ロードサイド、ショッピングセンター内など、どのような立地タイプで出店可能か

② 商圏の範囲と規模

商圏の範囲はどの程度の広さになるか。またその商圏内にどの程度のターゲット顧客の人口・世帯数が必要か

③ 動線の条件

近隣主要動線からどの程度の距離にある必要があるか。近隣にあった方が良いものはあるか（駅から徒歩●分以内、駅と学校の動線上にあることが望ましい等）

④ 物件の条件

視認性、出店立地がビルの場合の階層、物件のイメージ、坪当たり賃料の上限、駐車場の有無等といった物件条件はどのようなものか

なお、立地の考え方については第5章で詳しく紹介します。

⑸ 広告・販促活動

安定した集客を実現するために必要となる広告・販促活動を明らかにします。

当たり前のことですが、事業で最も重要なことは「集客」です。

どのような素晴らしい仕組みがあったとしても、そもそも集客できなければ何の意味もありません。

そのため、加盟者に成功するための仕組みを提供するフランチャイズ本部としては、何よりも優先して安定した集客を実現するためのノウハウを確立していかなければなりません。

どのようなビジネスであっても、好調な時もあれば、不調な時もあります。

また、店舗展開の進展に伴い想定していた売り上げを上げられない店舗は必ず現れてくるはずです。

このような事態が生じた時に、加盟店の業績を立てなおすことができるよう、フランチャイズ本部としては本部がサポートできる内容はもちろんのこと、加盟者が取り組むべき広告・販促活動を具体的に示せるよう準備をしておく必要があるのです。具体的には、現在実施してる広告・販促活動をＷＥＢとリアルの媒体別に「何を」、「いつ」、「誰に」、「どのくらい（期間・金額）」実施した結果、どの程度の「効果」が生まれたのかを記録して、加盟者に提示できるようリスト化しておくと良いでしょう。

3.投資・収支モデルを設定する

最後に、フランチャイズ事業の投資・収支モデルを設定します。具体的には、フランチャイズ事業に必要な初期投資金額と、フランチャイズ事業の期待収益を明らかにします。

投資・収支モデルは、加盟者が加盟検討する際の重要な判断基準となるため、いい加減に設定してしまうと、後から不要なトラブルを生む原因になりかねません。不要なトラブルを回避するためにも、既存の直営店舗の実績をもとに、根拠を持って設定することが大切です。

投資・収支モデルの設定にあたっては、以下の3つの観点から整理をしてみると良いでしょう。

（1）投資モデル

フランチャイズ事業を開始するにあたって、必要となる初期投資の金額を明らかにします。

どのようなものに投資が必要かは業種業態によって変わりますが、一般的には、店舗内外装工事、機械設備、什器備品、人材採用費、宣伝広告費、物件取得費などが該当します。

また、フランチャイズ本部に支払う加盟金や研修費などのフランチャイズ加盟コストも初期投資に含まれます。物件取得費のように、開業する物件によって大きく変動するものは標準値を盛り込み、条件によって変動する可能性があることを明記しておくと良いでしょう。

加盟者の加盟判断を左右する重要な要素となりますから、漏れなく、正確に洗い出すことが大切です。

絶対に避けなければならないのは、初期投資を実態よりも少なく見積もることです。

一般的に、初期投資金額が低額の方が、加盟希望者を獲得しやすくなりますが、仮に加盟後に、当初に説明を受けていた金額よりも多額の初期投資が必要になることが判明した場合、トラブルに発展する可能性があるためです。

お金に関わる問題は、双方の信頼関係に直結する問題であるだけに、取り扱いには注意が必要です。

なお、開業する店舗形態や立地条件によって初期投資がまったく変わってしまうケースもあります。

例えば、開業する店舗物件がスケルトン物件の場合と、居ぬき物件の場合とでは、当然、必要となる初期投資はまったく異なるものになるはずです。

このようなことが想定される場合には、想定される店舗形態や立地条件毎に、初期投資の金額を設定しておくと良いでしょう。

⑵ 収支モデル

フランチャイズ事業の期待収益として、標準的なケースにおける月の売り上げ、主要経費、営業利益などを明らかにします。

収支モデルは、投資モデルと同様に加盟者にとって重要な判断基準の一つとなるため、細心の注意を払って作成する必要があります。

少なくとも、実態よりも収益性を高く見せる行為は、絶対に避けなければなりません。

例えば、加盟希望者に良く見せるために実態よりも高い収益モデルを設定したとします。この場合、加盟希望者との交渉はスムーズに進めることができるかもしれません。

しかし、その収支モデルを信じて加盟したにもかかわらず、収支モデルをはるかに下回る実績であったとしたら、加盟者から見れば「本部にだまされた」と考えるのが自然ではないでしょうか。

もちろん、事業である以上、１００％達成できる収支モデルなど示しようがありません。

特に、小規模フランチャイズの場合、実績が少ない分、加盟者の実績にばらつきがでることも避けられません。

しかし、前述のような事態を避けるためにも、収支モデルは標準的な直営店舗の実績を参考に、本部経営者が「このくらいの水準であれば達成できる！」と心の底から信じられる水準に設定するべきです。

収支モデルの設定で迷った時には、「**仮に加盟希望者から収支モデルの根拠について質問された時に、その根拠を一点のやましさもなく、自信を持って説明することができるかどうか**」という視点で考えてみると良いでしょう。

また、加盟交渉段階において「収支モデル通りにならない可能性があること」は念入りに説明するべきです。

加えて、**加盟者が正しい経営判断を下せるよう、ビジネスモデルに応じて必要なデータを用意することもフランチャイズ本部の役割**といえます。

例えば、学習塾やフィットネスジムといった会員制サービス業は、立ち上げから黒字化までに一定の期間を要する特徴があります。

黒字化するまで半年間から1年間かかるようなケースもあるでしょう。

黒字化するまでに生じる赤字額は、加盟者から見れば実質的な投資と変わりませんから、このような特性のあるビジネスモデルの場合、黒字化までに要する標準的な期間や、黒字化するまでに見込まれる赤字累計額を明示しておいた方が良いでしょう。

(3) 投資回収期間

設定した投資モデルと収益モデルから、加盟者の投資回収期間を計算します。

投資回収期間とは、加盟者が投下した資金がどの程度の期間で回収できるかというもので、「初期投資÷償却前営業利益」で計算することができます。

急激な環境変化がいつ発生するかわからない今の時代、投資回収期間は短い方が好まれる傾向にあります。

一つの目安としては、投資回収期間が3年前後であれば、投資の対象として十分に検討する

投資モデル

科目	金額	備考
加盟金	2,000	
店舗工事費	10,000	物件により変動 店舗取得費含まず
厨房設備一式	4,000	
備品一式	1,000	
オープン広告費	500	
人材募集費	500	
その他経費	1,000	
初期投資	19,000	

収支モデル

科目	金額/月	備考
売上高	4,000	
原材料費	1,400	売上高の35%
人件費	1,200	売上高の30%
ロイヤリティ	200	売上高の5%
家賃	250	物件により変動
水道光熱費	250	
その他経費	120	
償却前営業利益	580	

※単位：千円

投資回収期間（初期投資÷償却前営業利益）=32.8ヵ月（2.7年）

ことができるでしょう。

ただし、これが絶対というわけではありません。

例えば、

「この商品・サービスが大好きなので、自分でもこのお店を経営したい！」

「もっともっとこの商品・サービスを世の中に広げていきたい！」

といったようなお店のファンを加盟対象としている場合や、長期間にわたり安定した需要が見込めるビジネスモデルの場合には、投資回収期間が3年を大きく超えていたとしても問題ないかもしれません。

フランチャイズ展開するビジネスモデルの特徴や加盟ターゲットを踏まえて、適切な目標値を設定し、収支モデルや投資モデルをブラッシュアップしていくと良いでしょう。

加盟者が成功モデルを再現するため、「フランチャイズパッケージ」として提供

フランチャイズ展開するビジネスモデルを明確化したら、続いてフランチャイズパッケージのあり方を検討し、必要な仕組みを整備していきます。

フランチャイズパッケージとは、本部から加盟者に対して提供するサービスを総称したものをいいます。

フランチャイズパッケージの内容は、「こういうもの」という決まりがあるわけではありません。

フランチャイズ展開する事業のビジネスモデルや本部の経営方針等によっても変わります。

基本的には、「加盟者に成功してもらうために本部はどのような仕組みを構築し、またサポートを行う必要があるか？」という視点からあるべき姿を検討していくこと

になります。

フランチャイズパッケージに含まれている内容の一例としては、次のようなものが挙げられます。

ただし、小規模フランチャイズに興味を持たれた方で、これから挙げるフランチャイズパッケージの例が、現段階で全て揃っている企業や店舗は恐らくないでしょう。とはいえ、はじめからすべてを揃えようとしていては、フランチャイズ展開を開始するまでに多大な時間とコストがかかってしまいます。

だからこそ、**フランチャイズ展開を始める前に、すでにあるものと無いものを整理し、スタート時には必ず揃えておくべきものと、段階的に拡充していくものを見極める必要があります**。

1．商標使用許諾

商標使用許諾とは、本部から加盟者に対して、本部が展開する事業の商標を使用して店舗を経営する権利を与えることです。

商標とは、自社が取り扱う商品やサービスを他社の商品やサービスと区別するために使用する標識をいいます。

本部が展開する事業のブランド名称やロゴは商標の代表例です。

本部の商標を使用できるということは、**本部が培ってきた知名度や信用力**を用いて事業を運営できるようになるということであり、加盟者にとっては大きなメリットとなります。この点を期待して加盟の意思決定をする方も多いでしょう。

加盟者に対して本部が展開する事業の商標使用を認める場合、予めその商標について「商標権」を取得しておく必要があります。

商標権とは、「商標を独占的に利用できる権利」のことをいいます。

ここで注意しなければならない点は、**商標をただ使用しているだけで商標権が認められるわけではない**という点です。

商標権は、特許庁に商標申請し、商標登録が認められることによってはじめて生まれる権利です。商標権を取得することで、はじめて本部は当該商標を独占的に使用する権利を得ることになります。

日本の商標法では、特許庁に対し先に商標登録の出願手続きを行った人が優先的に保護される「先願主義」が採用されているため注意が必要です。

過去には、商標登録の出願手続きを行わずにフランチャイズ展開をしていた本部が、加盟者に先に当該商標の登録出願手続きを行われてしまい、加盟者から商標権の利用料を請求されるようなケースもありました。

このような事態となった場合、最悪、本部はこれまで使用してきた商標を変更しなければならなくなる可能性もあります。

商標を変更するということは、これまで培ってきた知名度や信用力を一瞬にして失ってしまうということであり、本部としては絶対に避けたい状況でしょう。

一方、加盟者の立場から見ても、知名度や信用力のある本部の商標を使用できることにメリットを感じて加盟したにもかかわらず、その商標を使用することができなくなってしまうのです。

仮にこのような事態が発生すれば、本部と加盟者の間でトラブルが生じる可能性は高いでしょう。

このような事態を回避するためにも、**フランチャイズ展開を開始する前に、ブランド名称やロゴ等の商標について、必ず商標登録の出願手続きを行っておかなければなりません。**

なお、仮に現在使用している商標がすでに第三者によって商標登録されている場合には、後からトラブルが発生することを予防するためにも、フランチャイズ展開を始める前に使用する商標を変更するなど、対応を検討するべきでしょう。

2. マニュアルの貸与

フランチャイズシステムでは、本部が培ってきた店舗運営や管理等の各種ノウハウを加盟者に提供します。ただし、ノウハウには形がありませんから、それらのノウハウをマニュアルの形に落とし込んで提供することが求められます。

加盟者に対して「成功する仕組み」を提供するフランチャイズ本部にとって、これまで培ってきたノウハウをまとめた「マニュアル」は、まさに「商品の要」ともいえるものです。

「成功する仕組み」を提供するビジネスでありながら、マニュアルが無い、またはレベルが低い状態では、不良品を販売しているのと同じです。

この状態では、フランチャイズ展開が中長期的に上手くいくはずもありません。

フランチャイズ本部としては、加盟者が成功するために必要なノウハウを、漏れなく体系的にマニュアルに落とし込んでおくことが求められます。

ただし、小規模フランチャイズの場合、フランチャイズ本部としての実績も経験もないわけですから、いきなり完璧なマニュアルを作成することは事実上不可能でしょう。ですから、初期段階ではできる限りのマニュアル化を進めるとともに、フランチャイズ展開の進展と併せて、継続的にブラッシュアップし続けていく姿勢を持つことが大切です。

フランチャイズ本部に求められるマニュアルは多種多様ですが、少なくとも以下の事項については初期段階からマニュアル化をしておくべきでしょう。

(1) 理念・コンセプト

フランチャイズチェーンに関係する人全員が知っておくべき内容をまとめたマニュアルです。

具体的な内容としては、本部の理念やビジョン、経営方針、ブランドコンセプト、ハウスルールなどが挙げられます。

(2) 店舗運営

店舗運営に関係するスタッフが知っておくべき内容をまとめたマニュアルです。

具体的な内容としては、一日の営業の流れ、接客の流れやポイント、サービス提供方法、オープン作業、クローズ作業などが挙げられます。

(3) 店舗管理

加盟店の経営者や店長など、店舗管理者が知っておくべき内容をまとめたマニュアルです。

具体的な内容としては、管理者の役割や売上・経費・利益管理、販促活動、人材採用・育成・管理、クレーム対応の方法などが挙げられます。

なお、フランチャイズでは、マニュアルは加盟者に「あげるもの」ではなく、「貸与するもの」であることに注意が必要です。

本部にとってのマニュアルは営業秘密の塊です。

万が一、これが流出するようなことになれば、フランチャイズ本部は大きな損害を受けることになります。

そのため、フランチャイズ契約期間中は貸与するものとして、契約終了時には返却してもらい、以降一切の使用を禁止する旨を契約書に定めておくべきでしょう。

3. 開業準備支援

本部は、フランチャイズ事業についてのプロフェッショナルですが、加盟者は基本的に当該事業の素人であることがほとんどです。

素人であるからこそ、ノウハウを得るためにフランチャイズ加盟という選択をしているのです。そのため、加盟者の開業に際し、本部は様々な側面からサポートをしていく必要があります。

開業準備支援をするべき内容は、本部が展開するビジネスモデルによっても変わってきますが、一般的な項目としては以下のような内容が挙げられます。

- 立地診断・選定
- 資金調達
- 店舗設計・施工
- 店舗備品準備
- 人材採用・育成
- 開業時販売促進活動
- 許認可等の取得手続き

フランチャイズ事業のビジネスモデルに合わせて、加盟者の成功やスムーズな事業立ち上げのために、本部のサポートが必要な項目を洗い出し、必要な仕組みを整備していきます。

なお、開業支援準備の具体的な内容については第5章で詳しく紹介します。

4．教育研修システム

先にもお伝えした通り、フランチャイズの加盟者は、フランチャイズ事業について未経験であることがほとんどです。

そのため、本部としては**加盟者がフランチャイズ事業の素人であったとしても、短期間で一定水準の店舗運営が可能なレベルまで育て上げられる教育研修プログラム**を整備しておかなければなりません。

特に、フランチャイズの場合には〝**短期間で育成する**〟という点が極めて重要になります。

なぜならば、**加盟者から見ると、教育研修期間は資金が流出し続ける赤字期間となる**からです。具体的に考えてみましょう。

まず、加盟者は本部に対して「研修費」を支払わなければなりません。

研修費という名目ではなかったとしても、加盟金には研修の対価が含まれているはずです。

そして、研修を実施するには本部の人件費がかかりますから、当然、研修期間が長期化すればするほど、研修費も高額になっていきます。

また、研修を受けるにあたって加盟者が負担する経費は、研修費だけではありません。

研修費に加えて、研修に参加する人材の人件費を負担しなければならないのです。

これも、研修期間が長期化すればするほど膨らんでいくことになります。

加盟者からみれば、研修費よりも研修に参加させる人材の人件費の方が負担は大きいかもしれません。

そして、**これだけ経費負担が発生するにもかかわらず、研修期間中、加盟者には一円の売り上げも発生しないのです。**

以上のことから、開業前の教育研修期間が長期化すればするほど、加盟者にとっての負担は大きくなってしまうのです。

裏を返せば、**開業前の教育研修期間が短ければ短いほど、加盟者の負担は少なくなる**ことになります。

これが、フランチャイズの教育研修プログラムが、仮に素人が参加したとしても、短期間で一定水準の店舗運営が可能なレベルまで育て上げられるものでなければならない理由です。

なお、教育研修プログラムの考え方については第5章で詳しく紹介します。

5．開業後の継続的なサポート

フランチャイズ本部によるサポートの範囲は、加盟者が開業するまでではありません。開業後にも、加盟者が期待通りの成功を遂げることができるよう、継続的にサポートを行っていく必要があります。

代表的なサポート内容は、本部指導員、いわゆるスーパーバイザー（ＳＶ）による経営や運営面のサポートです。

具体的には、フランチャイズ事業のマネジメントやオペレーションに精通したＳＶが定期的に、加盟店を訪問したり、加盟店の経営者や店舗責任者と面談を行ったりする中で、加盟店の経営状況や店舗運営状況に応じて適切なサポートを行います。

その他にも、必要な知識やスキルを身につけるための研修会の開催、最新の情報を共有するための店長会議の開催などが考えられます。

本部と加盟者が理念やビジョンを共有し、中長期的に信頼関係を維持していくためには、開業後も加盟者の経営に寄り添い、できる限りのサポートを行っていくことが不可欠です。

多少手間やコストがかかろうとも、フランチャイズ展開をする以上、加盟者の継続的なサポートには全力で取り組んでいかなければなりません。

なお、開業後の継続的なサポートのあり方については第6章で詳しく紹介します。

6. 商材や原材料の提供

フランチャイズ本部の中には、「商品・サービス品質の担保」や「本部の大量一括購入による仕入れ単価の低減」、「加盟者のオペレーション負担の低減」等を目的に、加盟店で提供する商品・サービスの商材や原材料を、本部もしくは本部指定業者経由で提供することがあります。

商材や原材料等の仕入れ先を不当に強制する行為は、独占禁止法に抵触する恐れがありますが、**オペレーション負担や仕入れコストの低減など、加盟者にとって明確なメリットがあるケースや、チェーン全体のサービス品質を一定に保つためにはその商材や原材料の使用が必要不可欠なケースなどのように、本部もしくは本部指定業者経由で供給することが、チェーン全体ないし加盟者にとってプラスになるのであれば、商材や原材料の仕入れ先を原則本部または本部指定業者経由とすることも認められます。**

商材や原材料を取り扱っている場合には、本部もしくは本部指定業者経由で提供することがチェーン全体ないし加盟者にとってプラスになるかどうかを検討し、プラスになるようであれば商材や原材料の供給をフランチャイズパッケージに盛り込むと良いでしょう。

７．情報システム

チェーンを効率的かつ効果的に運営していくためには、様々な情報システムが必要となることがあります。

例えば、販売管理システム、顧客管理システム、受発注システム等が上げられます。

また、最近では本部と加盟者、または加盟者同士での情報共有を促進するコミュニケーションシステム、ＳＶの経営指導効率向上や店舗での不正防止等を目的としたＷＥＢカメラシステムなどを導入する本部も増えてきています。

チェーン全体を効率的に管理するためにも、または加盟者がスムーズに店舗運営をできるようにするためにも、自社のビジネスモデルや管理体制を改めて見直し、業務をより効率化できる情報機器やシステム、ソフトウェアはないかどうか、業界内で効率的に運営している企業や店舗が取り入れている仕組みを研究し、本格的にフランチャイズ展開を始める前に整備をしておくと良いでしょう。

なお、自社のために一からシステム開発をすると、多大なコストがかかってしまいます。今の時代、様々なＩＴサービスやパッケージソフトがすでに存在します。それらを上手く活用し、選択したＩＴサービスやパッケージソフトの仕様に業務手順を合わせていくことが、情報投資効率を高めるポイントとなります。

フランチャイズパッケージは加盟検討者の不安や悩みから逆算して考えよう！

　ここまで、一般的なフランチャイズパッケージに含まれている内容の例をご紹介してきました。

　ただし、先にもお伝えした通り、フランチャイズパッケージの内容には特に決まりがあるわけではなく、フランチャイズ事業のビジネスモデルや本部の経営方針等によって千差万別となります。

　そのため、先に紹介したもの以外にも、加盟者の成功やスムーズな事業立ち上げのために本部がサポートできる内容がないのか、じっくりと検討しなければなりません。

　その際に私がおすすめしている考え方が、加盟検討者が抱えると想定される不安や悩みから逆算して本部サポートの内容を設計する方法です。

　というのも、加盟検討者が抱えている不安や悩みを本部サポートによって解消して

あげることができれば、加盟検討者は安心してフランチャイズに加盟する決断を下すことができると考えるからです。

そして、加盟検討者がフランチャイズ加盟をするにあたって抱える不安や悩みの種類はそれほど多くはありません。

これはフランチャイズ事業の業種やビジネスモデル、または加盟者の性格や考え方等によっても変化しますが、おおむね以下のような内容となるのではないでしょうか。

- きちんと運営できるか……
- 期待通りに集客できるか……
- 人の採用や教育はできるか……
- 開業後、本部はどんなサポートをしてくれるのか……

例えば、美容院や整骨院のように有資格者の採用が求められるビジネスモデルの場合、人材採用が事業を営む上でのボトルネックとなりがちです。

当然、加盟検討者の視点で考えれば、「人の採用や教育はできるか……」という不安を抱えることになります。

この不安を本部が解消してあげられないのであれば、加盟検討者としてはなかかなかフランチャイズ加盟への一歩を踏み出すことはできないでしょう。

逆に、この不安を本部が解消してくれるのであれば、加盟者としても安心して加盟することができるはずです。

だからこそ、人材の採用や教育が事業を営む上でのボトルネックとなるようなビジネスモデルの場合には、その点について本部がサポートできることが無いのかを検討し、フランチャイズパッケージに盛り込んでいくのです。

仮に、本部がサポートすることができないのであれば、その点こそ、今後磨き込みが必要な課題といえるでしょう。

このように、加盟検討者がフランチャイズ加盟にあたって抱えると想定される不安や悩みから逆算して本部サポートの内容を設計していくことで、より効率的に、魅力的なフランチャイズパッケージを構築していくことができるのです。

「成功の仕組み」の質&量によって「加盟金」や「ロイヤリティ」が決まる

加盟者に提供する「成功の仕組み」が明確になったら、その対価として本部が加盟者から受け取る「加盟金」や「ロイヤリティ」を検討します。

本部がこれまで時間と労力、コストをかけて開発してきたビジネスモデルやフランチャイズパッケージを提供するのですから、それに見合った対価を得ることは当然です。

一方で、加盟者の収益性や投資回収といった観点もあるため、本部の視点だけで考えるわけにもいきません。

本部と加盟者が中長期的に信頼関係を持って事業に取り組んでいけるようにするためにも、本部、加盟者双方にとって妥当な水準に設定する必要があります。

本部が加盟者に対して「成功の仕組み」を提供することの見返りとして、加盟者が本部に支払う対価は、大きく分けて次の2種類に分類することができます。

1．イニシャルフィー

加盟者が、フランチャイズ加盟する際に本部に対して支払う初期費用です。

加盟時の初期費用ですから、本部が加盟者に対して提供する初期サービス、具体的には、マニュアルなどのノウハウの開示、開業準備支援、開業前教育研修などに対して支払われる対価となります。

一般的には加盟金を指しますが、加盟金としてひとくくりにされていると、何に対する対価なのかが加盟者視点からわかりにくいため、開業支援費、開業前研修費といったように費用の性質に応じて分けられることもあります。

2. ランニングフィー

加盟者が、フランチャイズ加盟後に本部に対して継続的に支払うこととなる費用です。

継続的に発生する費用ですから、本部が加盟者に対して継続的に提供するサービス、具体的には、本部による継続的な経営面・運営面でのサポート、商標使用許諾、集客サポートなどに対して支払われる対価となります。

一般的にはロイヤリティを指しますが、加盟金と同様、ブランド使用料、情報システム使用料、共通販促費といったように、費用の性質に応じて分けられることもあります。

このようにフランチャイズには性格の異なる2種類の対価が存在しますが、どちらにも共通していえることは、いずれの対価も**本部が加盟者へ提供するサービスに対しての対価である**ということです。

ですから、加盟者から徴収する対価は、本部が欲しい金額を基準に決めるのではなく、あくまでも本部が加盟者に対して提供する「成功の仕組み」の質&量を基準に決定しなければなりません。

加盟金やロイヤリティの「落とし所」を探るには、4つの視点で見てみよう

それでは、加盟金やロイヤリティといった対価は具体的にどのように決めれば良いのでしょうか。

この点、弊社では加盟金やロイヤリティの性質を踏まえ、以下の4つの視点から最適解を検討することを推奨しています。

1．本部が加盟者に提供するビジネスモデルやフランチャイズパッケージの価値

先にもお伝えした通り、本部が加盟者から徴収する加盟金やロイヤリティは、本部が加盟者に提供するビジネスモデルやフランチャイズパッケージといった提供サービスに対する対価となります。

そのため、**「本部が提供するサービスの価値≧加盟者が支払う対価」**が原理原則となります。

仮に本部が提供するサービスの価値よりも、加盟者が支払う対価の方が大きいのであれば、一般的な商売で考えても、そのような関係性が成り立たないことは明白です。

とはいえ、「本部が提供するサービスにどの程度の価値があるのか」という点は、非常に難しい問題です。

これを客観的に評価することは現実的に不可能です。

そこで、残り3つのポイントと併せて、本部が加盟者に提供するビジネスモデルやフランチャイズパッケージの価値と、加盟者が支払う対価のバランスがとれているかを検証していくとよいでしょう。

2．加盟者の収益性

フランチャイズ展開を成功させるための最大のポイントは、いうまでもなく加盟者の店舗を成功させることです。少なくとも、加盟者が事業を継続していける程度の収益性は何としても確保しなければなりません。

本部の収益性ばかりを気にして加盟金やロイヤリティを高く設定した結果、加盟者の経営が上手くいかないのでは、そもそもフランチャイズシステムが成り立ちません。**加盟者が加盟金やロイヤリティを支払ったとしても、一定の収益性を実現できることがフランチャイズシステムの前提条件**ともいえます。

加盟金やロイヤリティで本部の必要利益を確保しつつ、加盟者がリスクに見合った収益を得ることができるよう、両者のバランスを取らなければならないのです。

このバランスは、本部と加盟者双方にとって重要なポイントとなるため、時間をかけてしっかりとシミュレーションをしておくべきでしょう。

3．本部の収益性

フランチャイズ展開を始めると、本部には直営店舗だけを展開している時には必要のなかった新たな負担が生じることになります。

例えば、フランチャイズ展開を開始するまでにマニュアルや教育研修システムなどの仕組みを整備しなければなりませんし、加盟者の開業後には継続的なサポートを行っていく必要もあります。

また、環境変化に合わせて、ビジネスモデルやフランチャイズパッケージをブラッシュアップし続けなければなりません。これらには当然、手間やコストが発生します。

加えて、フランチャイズも事業である以上、本部は加盟金やロイヤリティの中から利益を得る必要もあります。

これらフランチャイズ事業に関連するコストや利益は、加盟者から受け取る加盟金やロイヤリティなどの対価からねん出していく必要があります。

本部はフランチャイズ展開によって新たに生じるコストを見積り、そこに必要利益を上乗せして、加盟金やロイヤリティの金額を設定しなければならないのです。

前述の通り、加盟者が高い収益性を実現することはとても重要です。しかし、**本部の収益基盤が万全でなければ、チェーンの発展はない**のです。

4. 競合本部の水準

近年、フランチャイズ展開を進めている企業は増加傾向にあります。どのような事業であったとしても、競合するフランチャイズ本部が存在するはずです。

しかも、最近ではフランチャイズ募集のWEB化が進み、フランチャイズ加盟検討者は自宅にいながらでもフランチャイズ本部の情報を収集することができる時代となりました。当然、加盟検討者は競合となるフランチャイズ本部の情報収集も行っているでしょう。

比較対象が存在するわけですから、設定した加盟金やロイヤリティが競合本部と比較してあまりにも高額な場合には、その理由を明確に説明することができない限り、競合本部との加盟者獲得競争に打ち勝つことはできません。

このように、**加盟金やロイヤリティを検討するにあたっては、本部と加盟者だけで**

はなく、競合本部の条件にも目を向けておく必要があるのです。

なお、ロイヤリティを検討するにあたって、ロイヤリティを「月額●円」といったように固定金額方式にするか、「売上または利益の●%」といったように、対売上・利益比率方式にするかを決めておく必要があります。

どちらの考え方にも本部、加盟者双方にとってメリット、デメリットが存在するため、一概に「こうするべきだ」ということはできませんが、弊社では特段の理由がない限りは対売上・利益比率方式を採用することを推奨しています。

というのも、対売上・利益比率方式であれば、加盟者の売上・利益が増えれば本部が得るロイヤリティも増え、逆に加盟者の売上・利益が減れば本部が得るロイヤリティも減る、といったように、対売上・利益比率方式の方が、本部、加盟

者双方にとって公平であり、健全な関係性を築きやすいと考えるためです。

そのため、基本的には対売上・利益比率方式で考え、やむを得ない理由がある場合に固定金額方式の採用を検討するとよいでしょう。

ビジネスモデルとフランチャイズパッケージを言語化することで「契約書」に

ここまで、本部から加盟者に対して提供する「成功の仕組み」、具体的には「ビジネスモデル」と「フランチャイズパッケージ」の考え方を紹介してきました。「成功の仕組み」の概要が固まったところで、いよいよフランチャイズ契約書の作成に取りかかっていきます。

すでにお伝えしている通り、フランチャイズシステムとは、本部から加盟者に対して事業に成功するためのブランドや経営ノウハウ等を用いて事業を行う権利を与え、加盟者は本部の指導やサポートのもとに経営を行う仕組みです。

本部と加盟者双方に権利と義務があり、それぞれの権利と義務を明らかにするものがフランチャイズ契約書となります。

本部と加盟者それぞれの権利と義務の内容は、フランチャイズ展開する事業のビジネスモデルやフランチャイズパッケージのあり方によって大きく変わります。
例えば、開業後の継続的なサポート一つをとっても、

- 月に1回は臨店してサポートする
- 必要に応じて臨店してサポートする
- オンラインでのサポートのみで、臨店してサポートは行わない

など、そのあり方は本部によって千差万別です。

そのため、フランチャイズ契約書の内容も、フランチャイズ展開する事業のビジネスモデルやフランチャイズパッケージに合わせて作り込んでいかなければなりません。**フランチャイズ契約書とは、フランチャイズ事業のビジネスモデルとフランチャイズパッケージを言語化したものに他ならないのです。**

弊社にご相談に来られる方の中には「フランチャイズ契約書だけをすぐにつくってほしい」と希望される方もいらっしゃいます。

しかし、このような考え方には注意が必要です。

事前にフランチャイズ事業のビジネスモデルとフランチャイズパッケージを十分に検討していなければ、どの企業にも当てはまるような抽象的な記述のフランチャイズ契約書になってしまいます。

これでは、フランチャイズ契約書に期待される機能を十分に果たせない可能性が高いのです。

以前、弊社に相談に訪れた焼き鳥店３店舗を経営するＥ社の事例を紹介します。

Ｅ社は、知り合いの経営者から「フランチャイズ加盟をさせてほしい」と希望されたことがきっかけで、小規模にフランチャイズ展開をスタートしました。

Ｅ社経営者はフランチャイズについては素人でしたが、それほど深く考えず、ロイヤリティ等の金銭的な側面以外は具体的な内容が記載されていないフランチャイズ契約書を独自に作成し、加盟者と契約を結んでいました。

それでもはじめのうちは順調に進んでいたのですが、**時間の経過とともに加盟者が**

本部の方針を無視して独自の取り組みを行うようになり、やがて加盟者店舗のサービス内容はE社直営店とはまったく異なるものになってしまったのです。

同じブランドであるにもかかわらず、店舗によってサービス内容がまったく異なるのであれば、顧客からの信用が得られません。

このことを問題視したE社は、加盟者に対して再三の改善指導を行いましたが、そもそもフランチャイズ契約書には具体的な記述が一切ないため、加盟者から改善指導の受け入れを拒否されてしまったのです。

結局、E社はブランドイメージの低下を危惧し、ブランド名を変更することとなってしまいました。

フランチャイズシステムは、様々な考えを持つ事業者が共同で事業を行う仕組みです。関係者全員が同じ方向を向いていることが理想ではありますが、現実問題、本部と加盟者の間の認識ギャップをゼロにすることはできないでしょう。

だからこそ、**仮に本部の方針と反する行動をとる加盟者が現れた場合にも、本部や**

他の加盟者の利益を守ることができるよう、本部と加盟者の権利と義務をフランチャイズ契約書に漏れなく盛り込んでおかなければならないのです。

フランチャイズ契約書ですべてを解決できるわけではありませんが、チェーンに大きな損害を与えるような加盟者を統制できないようなフランチャイズ契約書では、フランチャイズ展開が上手くいかない可能性は高いでしょう。

他社の流用はリスク大。専門家に相談して「独自の契約書」を用意

フランチャイズ本部からの相談を受けていると、同業の本部が使用しているフランチャイズ契約書を流用しているケースを目にすることもよくありますが、これにも注意が必要です。

というのも、すでにお伝えした通り**フランチャイズ契約書の内容はフランチャイズ事業のビジネスモデルやフランチャイズパッケージのあり方によって大きく変わることに加え、そもそも流用したフランチャイズ契約書に本来盛り込むべき重要事項が含まれていない可能性もあるから**です。

弊社では、フランチャイズ展開を始めようとしている会社や、すでにフランチャイズ展開している会社から日々相談を受けており、フランチャイズ契約書の内容を確認することも頻繁にあります。

その中には、**フランチャイズ契約書には絶対に盛り込んでおかなければならない内容さえ漏れているようなものもあります。**

そして、フランチャイズ契約書をどのように作成したかを尋ねると、だいたいどこかのフランチャイズ本部の契約書を流用しているのです。

いうまでもないことですが、欠陥のあるフランチャイズ契約書を参考に作成したところで、欠陥のあるフランチャイズ契約書しか作ることはできません。

「これからフランチャイズ展開を始めていこう！」と考えているのに、そのための重要なツールとなるフランチャイズ契約書がこのような状態では、上手くいくものも上手くいかなくなってしまいます。

ですから、フランチャイズ契約書は専門家にも相談をしながら、本部経営者が時間と手間をかけてしっかりしたものを作り込んでおくべきです。

フランチャイズ事業のビジネスモデルやフランチャイズパッケージの内容に最も詳しい本部経営者が契約書作成に積極的に関与するからこそ、自社に最適化された独自のフランチャイズ契約書を作成することができるのです。

フランチャイズ契約書の作成時に押さえておきたい4つのポイント

それでは、実際にフランチャイズ契約書を作成していくにあたり、どのような内容を盛り込んでおくべきなのでしょうか。

先にもお伝えした通り、フランチャイズ契約書の内容は、フランチャイズ展開する事業のビジネスモデルやフランチャイズパッケージのあり方によって大きく変わるため、一概にはいえませんが、作成時のポイントとしては以下の4つが挙げられます。

1．加盟者が守るべきルールを漏れなく盛り込むこと

フランチャイズ契約書には、「加盟者の成功」や「チェーン全体の発展」のために加盟者が守るべきルールを明確化し、それらを漏れなく盛り込んでおく必要があります。

フランチャイズシステムとは、本部から加盟者に対して「成功するための仕組み」を提供するものです。

成功するための仕組みという以上、誰が経営しても、一定程度の成功ができることが前提条件となります。

仮に店舗の作り方や運営方法等を加盟者に委ねているとすれば、「成功できるかどうかはすべて加盟店次第」ということになってしまいます。これでは、フランチャイズに加盟する意味がありません。

また、一部の加盟者が好き勝手に店舗作りや運営を行ってしまったとしたら、店舗によって提供するサービスにばらつきが生じることになります。

この状態では、チェーンとしての信用を得ることはできないでしょう。

このような事態を避けるためには、本部は加盟者が守るべきルールを明確化するとともに、そのルールを守るよう働きかけていかなければなりません。

フランチャイズ加盟した場合、本部に制約を受けることをネガティブに捉える方も

いらっしゃいますが、フランチャイズシステムの仕組みの性質上、加盟者に対して一定のルールを制約として課さざるを得ないものなのです。

ですから、本部としてはフランチャイズ事業のビジネスモデルを深く分析し、その内容を踏まえて、「加盟者の成功」や「チェーン全体の発展」のために加盟者が守るべきルールを明確化し、フランチャイズ契約書に漏れなく盛り込んでおかなければなりません。

2．本部が提供するフランチャイズパッケージの内容を漏れなく盛り込むこと

フランチャイズ契約書には、本部が加盟者に提供するフランチャイズパッケージの内容も漏れなく盛り込んでおかなければなりません。

代表的な例としては、

- 加盟者が必要な知識やスキルを身につけるための開業前研修の内容や期間
- 加盟者の経営面や運営面を継続的にサポートするＳＶの訪問頻度や支援内容

- 開業時や売上不振時の本部による集客サポート
- 加盟者に貸与するマニュアルの種類や内容

等が挙げられます。

本部にとって有利な内容ばかりではなく、加盟者に提供されるフランチャイズパッケージが充実していることがフランチャイズ契約書から読み取ることができれば、加盟者は安心してフランチャイズ加盟の決断をすることができますし、「加盟金やロイヤリティを支払う価値がある」と感じてくれるはずです。

３．ノウハウや顧客基盤の流出を防止すること

本部が長年かけて開発・蓄積してきたノウハウや、チェーン内の店舗を利用してくださる顧客の存在は、本部にとっては財産ともいえるものです。

このようなノウハウや顧客基盤が外部に流出するような事態となれば、本部にとっては非常に大きな損失となります。

このような事態を避けるためにも、本部のノウハウや顧客基盤の流出を防止するた

めの定めを、フランチャイズ契約書に盛り込んでおかなければなりません。

代表的なものとしては、「**競業避止義務**」が挙げられます。

競業避止義務とは、加盟者に対して、フランチャイズ契約期間中、及び契約期間終了後の一定期間、フランチャイズ事業と同種または類似の事業を行うことを禁止する規定です。

加盟者がフランチャイズ事業の競業を行うこと自体を禁止することによって、本部のノウハウや顧客基盤が流出するのを防ぐことができます。

その他にも、秘密保持義務規定や顧客情報の帰属・取り扱い規定など、フランチャイズ契約書には本部のノウハウや顧客基盤を保護するための規定をしっかりと盛り込んでおかなければなりません。

また、これらの重要事項について契約違反行為が発覚した場合には加盟者に高額な違約金を課す規定を定めておくことで、加盟者の契約違反行為を未然に防止することができます。

4．本部と加盟者の「対等な関係性」を意識すること

　フランチャイズ契約書を作成するにあたり、**本部と加盟者の「対等な関係性」**を意識することも大切です。本部の立場や利益を守ることは大切ですが、一方的に本部有利な内容では加盟者との信頼関係を維持することは難しいからです。

　いかに厳格な契約書を用意しようとも、加盟者がその契約書に従うとは限りませんし、情報化が進んだ現代では、契約書を盾に加盟者を厳しく制約する本部の姿勢は、世間から批判を受ける可能性もあります。

　その最たる例は、コンビニ本部と加盟者間で争いが発生した24時間営業問題でしょう。コンビニ本部の契約書には、加盟店が24時間営業をしなければならないことが明記されています。

　契約的には、加盟店はいかなる理由があろうとも24時間営業をする義務があるわけですが、この問題では、加盟店に24時間営業を求めるコンビニ本部の姿勢が世間から批判を受ける結果となりました。

本部としては、フランチャイズ契約書の限界を十分に認識し、フランチャイズ契約書による統制だけではなく、本部と加盟者間の信頼関係に基づく統制を目指す必要があります。

そのためにも、フランチャイズ契約書を作成するにあたっては、本部と加盟者の「対等な関係性」を意識し、**加盟者に胸を張って説明できないような「本部に一方的に有利な内容」は盛り込むべきではない**でしょう。

フランチャイズ展開には「法定開示書面」が必須！

フランチャイズ展開を進めていくにあたっては、フランチャイズ契約書以外にも様々な書面が必要となります。

その中でも特に大切なものが「**法定開示書面**」です。

法定開示書面とは、契約前に本部が加盟希望者に対して、交付・説明することが求められている情報をまとめた書面です。

飲食・小売業は「中小小売商業振興法」により、契約前に指定事項を記載した書面を交付し、その記載事項について説明をすることが義務付けられています。

また、「フランチャイズ・システムに関する独占禁止法上の考え方」でも一定の情報開示を本部に求めており、こちらはサービス業も対象となります。

すなわちすべての本部は、加盟希望者に対して契約締結前に法定開示書面を交付する必要があるのです。

法定開示書面で本部に開示が求められている情報の中には、本部によっては「公開したくない」と感じるものが含まれているかもしれません。

例えば、中小小売商業振興法で契約前に本部が加盟希望者に説明することが義務付けられている事項に「本部の直近3事業年度の貸借対照表及び損益計算書」というものがあります。

仮に直近の収支が赤字だった場合、そのことを加盟希望者に説明してしまうと、加盟希望者が不安に感じ、加盟を見送る理由になることも考えられます。

このようなケースでは、本部としては「損益計算書を開示したくない」と感じるかもしれません。

しかし、法律に定められている以上、いかなる理由があろうとも本部は加盟希望者に対し、加盟前に指定事項を説明しなければならないでしょう。

法定開示書面を交付しない本部は、加盟者からも信用されないはずです。

小規模であったとしてもフランチャイズ展開をする以上、加盟希望者に対して法定開示書面を交付し、説明することは本部の義務と心得なければなりません。

第4章

やっぱり信頼できる人に任せたい！
加盟候補者の探し方＆見極め方

小規模フランチャイズで加盟候補となる人は、大きく3タイプに分けられる

ここからは、加盟候補者の探し方や見極め方を紹介していきたいと思います。

第2章で、フランチャイズ展開成功のためには、本部の理念やビジョンに共感し、本部とともに力を合わせてフランチャイズ事業の経営に取り組んでくれる人だけを加盟させることが大切であることをご紹介しました。

本部の理念やビジョンに共感してくれる加盟者だけに店舗経営を任せることができれば、加盟後に試練が訪れたとしても、本部と加盟者で力を合わせて試練に立ち向かっていくことができます。

結果的に、本部と加盟者間のトラブル発生を抑制できることはもちろんのこと、チェーン全体の競争力も高まっていくはずです。

では、本部の理念やビジョンに共感し、本部とともに力を合わせてフランチャイズ事業の経営に取り組んでくれる加盟者とは、具体的にどのような人なのでしょうか。

この点、私の経験則では、大きく以下の３タイプに分類することができます。

１．お店のファン

１つ目のタイプは、フランチャイズ展開するお店のファンです。


より具体的に言うとお店の顧客で、お店を継続的に利用しているうちに、

「この商品・サービスが大好きなので、自分でもこのお店を経営したい！」

「もっともっとこの商品・サービスを世の中に広げていきたい！」

等と考えて、加盟を希望してくれる方です。


実際にお店を利用し、取り扱っている商品・サービスやお店の雰囲気に惚れ込んで加盟を希望してくれるわけですから、本部の理念やビジョンに共感してくれる可能性が高く、信頼関係も築きやすい加盟者といえます。

2．経営者のファン

2つ目のタイプは、本部経営者のファンです。

より具体的に言うと、本部経営者の経営やフランチャイズ展開に対する思想に共感し、

「あの経営者と一緒に仕事がしたい！」

「あの経営者が展開するフランチャイズであれば信頼できる！」

等と考えて、加盟を希望してくれる方です。

本部の経営者がブログやＳＮＳで継続的に情報発信をしていたり、公演や取材等で露出していたりする場合によくあるケースです。

加盟の目的が、フランチャイズ事業で利益を得ることよりも、本部経営者の「経営やフランチャイズ展開に対する思想への共感」が重要視されていることが多いため、前述の「お店のファン」と同様、本部の理念やビジョンに共感してくれる可能性が高

く、信頼関係も築きやすい加盟者といえます。

3. 自社の社員

3つ目のタイプは、本部に勤めている社員です。


より具体的に言うと、独立志向を持つ社員で、会社で働いているうちに、

「自分でもこのお店を経営したい！」

「もっともっとこの商品・サービスを広げていきたい！」

「この経営者と一緒に人生をかけて事業に取り組んでいきたい！」

等と考えて、加盟を希望してくれる方です。


前述した「お店のファン」や「経営者のファン」が、フランチャイズ加盟するまで本部とは関係のない第三者であるのに対して、会社内での勤務経験がある点が大きく異なります。

これまで一緒に働いてきた社員ですから、本部は加盟者が理念やビジョンに共感し

ている人物かどうか、また信頼関係を築くことができる人物かどうかをすでに把握しています。

また、すでに会社で実務経験を積んでいるため、フランチャイズ事業について、最低限のスキルやノウハウを習得していることが前提となります。

そのため、第三者が加盟するケースと比較すると、

- **本部理念やビジョンに対する共感度**
- **本部と加盟者の信頼関係の深さ**
- **フランチャイズ事業に対するスキルやノウハウの習得度**

等の面において大きな優位性があり、加盟希望者として理想的な存在といえます。

なお、弊社では自社の社員を対象にしたフランチャイズシステムを「21世紀型のれん分けシステム」と定義し、仕組みのあり方や構築方法をフランチャイズシステムとは切り分けて体系化しています。

21世紀型のれん分けシステムについては拙著『21世紀型「のれん分け」ビジネスの教科書』（自由国民社）で詳しく解説していますので、興味のある方は是非本書と併せてお読みいただければと思います。

こんな人と出会ったら任せたい！小規模フランチャイズの加盟者に向いている人

小規模フランチャイズの加盟候補となる3つのタイプを紹介しました。

しかし、この3タイプに該当するからといって、必ずしも小規模フランチャイズの加盟者に向いているかというと、そういうわけではありません。

この3タイプに該当する場合、本部の理念やビジョンに共感してくれる可能性は高く、本部と信頼関係を持って事業に取り組んでいける可能性も高いでしょう。

しかし、小規模フランチャイズの理想的な加盟者には、本部の理念やビジョンへの共感以外にも、求められる要素があります。

私が考える小規模フランチャイズの加盟者に向いている人の特徴としては、以下の4点が挙げられます。

1．自責思考があること

小規模フランチャイズの加盟者に向いている人の特徴の1つ目は、「自責思考があること」です。自責思考とは、「すべての責任は自分にある」ことを認識し、環境や他人のせいにすることなく、常に「自分にできることは何か？」と考える姿勢を意味します。

自責思考は、加盟者に限らず、すべての経営者や従業員に求められる資質ですが、フランチャイズの場合、加盟者の自責思考の有無は、特に注意して見極めなければなりません。

というのも、**フランチャイズシステムとは、本部が開発した成功するためのノウハウ・サポートを加盟者に提供する仕組みであり、その仕組み上、加盟者から見ると「加盟すれば本部が成功させてくれる」と考えてしまいやすいからです。**

基本的に、本部が開発した成功するためのノウハウ・サポートを加盟者に提供するフランチャイズシステムとはいえ、その成功のためには、加盟者自身がフランチャイズ事業に全力を尽くすことが不可欠です。

そのため、

「加盟すれば本部が成功させてくれる」

「加盟者は本部のお客様」

「本部の言うことを聞いてればいい」

等といったような考えを持つ依存思考の人を加盟させてしまうことは、後々様々な問題発生の原因となりかねません。

逆に、自責思考がある人だけが加盟していれば、加盟後に苦しい状況に直面したとしても、加盟者自身ができることを考え、全力で行動し、道を切り開いていってくれるでしょう。

まだ仕組みや体制が確立していない小規模フランチャイズ本部としては、これほど心強いことはありません。

だからこそ小規模フランチャイズでは、加盟者の自責思考の有無を、特に注意して見極めなければならないのです。

2. 誠実であること

小規模フランチャイズの加盟者に向いている人の特徴の2つ目は、「誠実であること」です。誠実とは、私利私欲をまじえず、真心を持って人や物事に向き合う姿勢を意味します。

誠実な人の特徴としては、

- **嘘をついたりごまかしたりしない**
- **裏表がなく、誰に対しても平等に接する**
- **誰に対しても尊敬の念を抱き、礼儀正しく振舞う**
- **関わる人に対して思いやりや感謝の気持ちがある**

等の姿勢が挙げられます。

フランチャイズシステムは、本部の経営理念やビジョン、経営方針に共感してくれた方に本部事業に参画してもらい、本部と共同で事業を営んでいくことによって、グループ全体での発展を実現しようとするものです。

当然、本部と加盟者の間には、盤石な信頼関係が築かれている必要があります。

このためには、本部、加盟者ともに誠実な姿勢で向き合うことが不可欠です。

例えば、**加盟者が自分の利益のことをだけを考えて、本部や他の加盟者の利益を無視した要求を一方的にしてくるような人だとしたら、フランチャイズシステムの前提となる「本部と加盟者間の盤石な信頼関係」が成り立たないのです。**

逆に本部、加盟者ともに誠実な姿勢で向き合っていれば、盤石な信頼関係を築いて、グループ全体の発展のために力を合わせて取り組んでいくことができるでしょう。

この違いは、フランチャイズチェーンの競争力に直結することになります。

フランチャイズ本部としての実績や経験が不足している小規模フランチャイズにとって、本部、加盟者双方が誠実であることが成功には不可欠といえるのです。

3．開拓者精神があること

小規模フランチャイズの加盟者に向いている人の特徴の3つ目は、「開拓者精神が

あること」です。

ここでいう開拓者精神とは、加盟者自身が「本部と協力してより良いフランチャイズシステムをつくっていこう」と考える姿勢を意味します。

第1章でも説明した通り、フランチャイズシステムとは、本部から加盟者に対して、事業に成功するためのブランドや経営ノウハウ等を用いて事業を行う権利を与え、加盟者は本部の指導やサポートのもとに経営を行います。

そのため、一般的なフランチャイズで加盟者に期待されることは、「本部の指導やサポートに従って店舗の経営を行うこと」となり、開拓者精神はそれほど必要とされません。

しかし、まだフランチャイズ本部としての十分な実績がなく、本部としての体制も不十分な小規模フランチャイズの場合、加盟者には「本部の指導やサポートに従って店舗の経営を行うこと」以上のことが期待されます。

具体的には、「本部と協力してより良いフランチャイズシステムをつくっていこう！」という姿勢です。

加盟者にこのような開拓者精神があり、本部と加盟者が力を合わせてフランチャイズシステムのブラッシュアップに取り組むことができれば、本部単独で取り組むのと比較して、その速度は飛躍的に高まるでしょう。

すでに大規模に展開し、フランチャイズ本部としての体制も洗練されている大規模フランチャイズと、まだ実績も経験も少ない小規模フランチャイズとでは、加盟者に求められる心構えも変わるのです。

４．金銭的な余裕があること

小規模フランチャイズの加盟者に向いている人の特徴の４つ目は、「金銭的な余裕があること」です。

第2章でも紹介した通り、まだほとんど市場に普及していない小規模フランチャイズの場合、良い意味でも悪い意味でも、大規模フランチャイズと比べて店舗業績の振れ幅が大きくなることは避けられません。

仮に想定を大きく下回る事態が生じた時に金銭的な余裕がなければ、対策を講じる前に倒れてしまうことになりかねません。

加盟者が、どんなに理念やビジョンに共感・共鳴してくれていたとしても、資金繰りが行き詰ってしまったとしたら、どうすることもできません。そのため、少なくとも加盟者は店舗オープン後の業績が想定を多少下回った場合にも、当面は事業運営できる程度の金銭的な余裕を持っておかなければなりません。

フランチャイズシステムは、良くも悪くも、加盟者の未来に大きな影響を与えます。だからこそ、不確実性の高い小規模フランチャイズでは、ある程度の金銭的な余裕がある方に加盟をしてもらうべきでしょう。

加盟希望者の開拓は、フランチャイズ展開初期における最大の壁

ここまで、小規模フランチャイズの加盟者に向いている人の特徴を紹介してきました。

続いて、加盟候補者の探し方を確認していきましょう。

ただ、具体的な説明に入る前に、小規模フランチャイズ展開を考えている方々にお伝えしたい点があります。

それは、「これから展開を開始する、または展開を開始したばかりのフランチャイズ本部が、長年フランチャイズ本部として運営してきた大手フランチャイズ本部に、ノウハウの充実度や業績の安定度で勝つことは不可能」という事実です。

数十、数百店舗規模で展開しているまっとうなフランチャイズ本部であれば、これ

までの経験の中で、不足している仕組みをブラッシュアップし続けてきています。

例えば、思ったように業績が上がらない店舗が現れれば、

- **なぜ業績が上がっていないのか**
- **業績を上げるポイントはどこにあるのか**
- **今後はどういう対応をしていくべきか**

等を分析し、同様の問題が生じぬよう対策を講じてきているはずです。

これを繰り返すことで、加盟者が高い確率で成功できるビジネスモデルやフランチャイズパッケージに磨き込まれていくことになります。


一方、これからのフランチャイズ本部は、そのような経験を一切していないわけです。

例えば、直営店が大繁盛していたとしても、フランチャイズ事業の経験の少ない加盟者が運営した時に同様の成功が得られるかどうかなど、やってみなければわからないのです。

加盟者から見れば、ここに大きな事業リスクが存在することになります。

基本的に、フランチャイズ加盟希望者は、フランチャイズ加盟する方が自力で事業を立ち上げるよりも成功確率が高いことに惹かれて加盟をします。

そのため、普通に考えれば実績があり、事業リスクの低いフランチャイズ本部が選ばれることになります。

実際、フランチャイズ店舗を多店舗展開するメガフランチャイジーの中には、「店舗数が１００店以下のフランチャイズ本部には加盟しない」などのように、フランチャイズチェーンの店舗数を加盟条件の一つにしているところもあります。

もちろん、本部から加盟者に対して成功する仕組みを提供する仕組みがフランチャイズシステムですから、ビジネスモデルのブラッシュアップ、加盟店サポート体制の整備など、これからフランチャイズ展開する本部も、できる限りの準備をしておく必要はあります。

しかし、実績は隠すことができませんから、これればかりはどうすることもできません。

フランチャイズ関連の展示会に出展したり、情報サイトに掲載したりすれば、フランチャイズ加盟を検討している方と出会うことは可能です。

しかしながら、**フランチャイズ本部としての経験も実績も不足している小規模フランチャイズ本部に積極的に加盟しようと考える人は普通に考えればいないのです。**

そのため、小規模フランチャイズにおいて、展開初期段階の加盟希望者の開拓は最大の壁となるのです。

小規模フランチャイズでは加盟者募集に手間をかける覚悟が不可欠！

これからフランチャイズ加盟者を募集していこうと考えた場合、その方法は様々ありますが、大きく分けると「**お金をかける**」か、「**手間をかける**」か、この2つのパターンに集約されます。

お金をかける方法の代表例としては、

- **フランチャイズ加盟者募集の専門サイトに掲載する**
- **フランチャイズの展示会に出展する**
- **WEB広告やダイレクトメール等のプロモーション活動を実施する**

等が挙げられます。

一方、手間をかける方法の代表例としては、

- **ブログやＳＮＳで定期的に情報発信を行う**
- **異業種交流会や勉強会など、経営者が集まる場に積極的に参加する**
- **加盟ターゲットのリストを持つ第三者とのネットワーク作りに励む**

等が挙げられます。

どのような方法を選択するかは会社の方針や目標によっても変わりますが、加盟者募集に費やせる資金に限りがある小規模フランチャイズの場合、基本的に「手間をかけることは必須」と考えておくべきでしょう。

弊社に小規模フランチャイズの導入でご相談に訪れる経営者の中には、「お金も手間もかけずに加盟者を集める方法」を探されている方もいらっしゃいますが、少なくとも私はそのような方法を知りません。

加盟希望者にとって、フランチャイズ加盟という決断は、個人であれば人生を、法人であれば会社の命運を左右する重大な意思決定となります。

そのため、そう簡単に意思決定できるものではありません。

ましてや、フランチャイズ本部としての経験も実績も不足している小規模フランチャイズの場合、そのハードルは非常に高いものとなります。

だからこそ小規模フランチャイズを導入しようと考えているのであれば、すぐに加盟希望者が現れないことを前提に、覚悟を持って加盟希望者探しを進めていかなければならないのです。

加盟者募集活動を短期的視点で捉えると様々な問題が……

加盟者募集を進めていこうと考えた時によくある間違いが、**加盟検討者との限られた接触の中で加盟決断をしてもらおうとする、いわゆる加盟者募集活動を短期的視点で捉えてしまうケースです。**

例えば、「フランチャイズ加盟者募集の広告を出し、資料請求をしてきた加盟検討者にいきなり加盟営業を行って加盟の決断をしてもらおうとする」といった活動は、加盟者募集活動を短期的視点で捉えた典型的なパターンです。

このようなやり方をしていると、フランチャイズ本部にとっては好ましくない状況が生じがちです。

まず、加盟者募集活動を短期的視点で捉えると、加盟者募集活動のコストパフォー

マンスが悪化します。

先にもお伝えした通りフランチャイズ加盟という決断は、個人であれば人生を、法人であれば会社の命運を左右する重大な意思決定となります。

当然、他のフランチャイズ本部との比較もしますし、加盟を検討しているフランチャイズ本部のビジネスモデルやフランチャイズパッケージが加盟検討者に適した内容か、そもそも本部が信頼に値するかどうかなど、慎重に評価した上で意思決定します。

ですから、**フランチャイズ加盟とは、そもそもすぐに意思決定ができるようなものではない**のです。

実際、多くの場合、加盟検討者は半年～1年程度かけて加盟する本部を選ぶといわれています。

そのため、**加盟者募集活動を短期的視点で捉え、限られた接触で加盟検討者に加盟の決断をしてもらおうとしても、基本的に上手くいかない**のです。

加盟者募集活動の中で最もコストがかかるのは、フランチャイズの展示会出展やフランチャイズ加盟者募集専門サイトの利用など、フランチャイズ加盟を検討している方と出会うための取り組みです。

大きなコストをかけて加盟検討者と出会ったにもかかわらず、加盟者募集活動を短期的視点で捉え、限られた接触で加盟検討者に加盟の決断をしてもらおうとした結果、加盟営業に失敗し、その関係性をその場限りで終わらせてしまっていたとしたら、いつまで経っても加盟者募集活動に大きなコストをかけ続けなければなりません。この状態では、加盟者募集活動のコストパフォーマンスはどんどん悪化してしまいます。

また、加盟者募集を短期的視点で捉えて進めていくと、加盟後のトラブル発生原因となりがちな点も注意が必要です。

限られた接触で加盟検討者に加盟の決断をしてもらおうと考えた場合、本部は「**加盟検討者を説得する**」という姿勢になりがちです。

この場合、加盟検討者にとって魅力的なことを中心にアピールし、積極的に加盟をおすすめしていくことになるでしょう。しかし、これは加盟者募集活動において絶対に避けなければなりません。

というのも、本部が説得して加盟の意思決定をさせてしまうと、加盟後に上手くい

かなかった場合、その責任を本部が問われる可能性が高いからです。

例えば、みなさんがフランチャイズ加盟するとして、加盟検討時に「こんなに儲かりますよ！」「絶対に成功しますよ！」等と説明があったにもかかわらず、実際に加盟してみると儲かるどころか万年赤字の状態だったとしたら、本部に対してどのような感情を持つでしょうか。

「本部にだまされた！」等と感じる方もいるのではないでしょうか。

また、加盟検討時に「本部が何でもサポートしますよ！」などと説明を受けていたとしたら、加盟後、本部への依存思考を持つことになっても不思議ではありません。

そうなれば、当然に加盟者が成功する確率は低下することになります。

このように「加盟検討者を説得する」という姿勢は、後々様々な問題発生の原因となりかねないのです。

このような事態を避けるためには、**「本部は加盟検討者自らの判断で加盟の意思決定をしてもらう」ということを基本に、「加盟検討者が適正な判断を下すために必要**

な情報を提供する」という姿勢で加盟者募集活動を行っていく必要があります。

本部がこのような姿勢で加盟者募集活動を行っていくと、必然的に加盟検討の時間は長期化していくことになります。

以上のように、加盟者募集活動を短期的視点で捉えてしまうと、加盟者募集活動のコストパフォーマンスが悪化するうえ、加盟後のトラブル発生原因ともなりやすくなるのです。だからこそ、「加盟検討者と継続的に接触する中で、少しずつ自社のフランチャイズに興味を持ってもらうとともに、信頼関係をつくっていく」という姿勢を持つこと、すなわち加盟者募集活動を中長期的視点で捉え、取り組んでいく必要があるのです。

加盟者募集活動を中長期的視点で捉え、段階的に信頼関係を築いていく

それでは、加盟者募集活動を中長期的視点で捉えて取り組んでいくとは具体的にどういうことなのか、詳しく確認していきましょう。

当社では、加盟者募集活動を以下の流れで取り組んでいく方法を推奨しています。

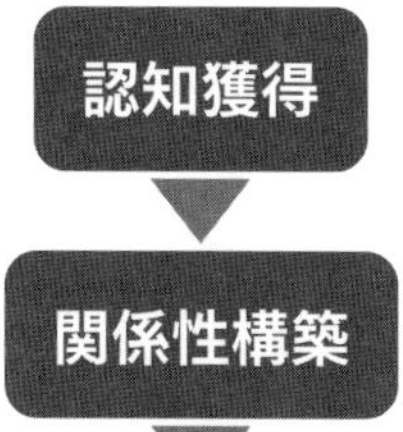

加盟者募集活動を
中長期的視点で捉える

1．認知してもらう

まずはフランチャイズ募集をしていることを広く情報発信し、フランチャイズ加盟に興味がある人、すなわち見込み加盟者を幅広く集めていきます。

その方法は様々あり、とるべき方法は会社の方針や目標によっても変わってきます

手法	内容
加盟者募集専門サイトへの掲載	フランチャイズ本部の情報を多く取り扱う加盟者募集専門サイトへ情報を掲載する
フェア・展示会への出展	フランチャイズ加盟検討者を対象としたフェアや展示会に出展する
直営店でのPR	直営店舗に加盟者募集のチラシやパンフレット、ポスターを設置する
ホームページでの情報発信	ホームページにフランチャイズパッケージやビジネスモデルの特徴・魅力を掲載する
ダイレクトメールの送付	保有する見込み加盟者リストに対して、または有料サービスを活用して加盟ターゲットに対してダイレクトメールを送付する
パブリシティの活用	各種メディアに対してプレスリリースを発送・発信し、メディアに取り上げてもらう
ブログやSNSでの情報発信	フランチャイズ展開の方針や進捗等をブログやSNSで継続的に情報発信する

が、一例としては上記のようなものが挙げられます。

見込み加盟者を集めるフェーズは、最も手間やコストがかかります。予算や人員の状況にあわせて取り組む内容を検討することになりますが、**小規模フランチャイズの場合、私は「ブログやSNSでの情報発信」は必ず行うべきだと考えています。**

この点については、この後詳しく解説します。

2．関係性をつくる

続いて、集まった見込み加盟者と継続的に接触し、フランチャイズ本部の理念やビジョン、経営方針を正しく伝えていくことで関係性を構築していきます。

ここで大切なことは、「見込み加盟者と継続的に接触すること」、「フランチャイズ本部の理念やビジョン、経営方針を正しく伝えていくこと」の2点です。

まず「見込み加盟者と継続的に接触すること」ですが、みなさんは「ザイオンス効果（単純接触効果）」という心理効果をご存じでしょうか。

アメリカの心理学者であるロバート・ザイオンスが提唱した心理効果で、「繰り返し接触することで相手に対する好感度や評価が高まっていく」という心理的傾向を意味するものです。

つまり、**人と人との関係性は、繰り返し接触することで深まっていく**ということで、これは、フランチャイズ本部と見込み加盟希望者との関係性にも当てはめることができます。

フランチャイズシステムに対してネガティブな印象をお持ちの方も多く、出会ってから間もない時期は本部のことを疑っている方も多いものです。

そのような状況で、自社フランチャイズシステムの魅力や特徴をアピールしても効果は期待できません。

だからこそ、**まずは継続的な接触を繰り返す中で本部と見込み加盟者間の関係性を深めていく必要がある**のです。

続いて、「フランチャイズ本部の理念やビジョン、経営方針を正しく伝えていくこと」ですが、これまでも繰り返しお伝えしている通り、フランチャイズ展開成功のためには、本部の理念やビジョンに共感し、本部とともに力を合わせてフランチャイズ事業の経営に取り組んでくれる人だけに加盟をしてもらうことが重要です。

見込み加盟希望者は、本部の理念やビジョン、経営方針に共感していることが前提となります。だからこそ、**継続的な接触の中で、本部の理念やビジョン、経営方針を見込み加盟希望者に繰り返し伝えていき、その共感度を高めていくこと、逆に共感で**

きない人は除外していくことが求められるのです。

ここで問題となるのが、「この関係性作りをどのように進めていけば良いのか」という点です。

直接的に会ってコミュニケーションを取ればいいのですが、それだと接触できる回数は自ずと限界が生じてしまいます。**そこで私がおすすめしているのが、後述するブログやSNSなどのインターネットツールを活用して、本部の理念やビジョン、経営方針を継続的に情報発信していく方法です。**

インターネットツールを通じた接触であったとしてもザイオンス効果は有効ですし、本部の理念やビジョン、経営方針を温度感高く伝えていくことも可能だからです。

3. 意思決定してもらう

最後に、関係性を構築した見込み加盟希望者に、加盟するかしないか、意思決定をしてもらいます。その時のポイントは次の3点です。

(1) 本部の思想を正しく伝える。「こんなに儲かります」は禁句

多くのフランチャイズ本部は、加盟者を集める際「これだけ儲かるので加盟しませんか?」といったアプローチをしています。

しかし、小規模フランチャイズでは、このアプローチ方法は絶対に避けなければなりません。

なぜならば、フランチャイズ本部としての経験も実績も不足している中でこのようなスタンスをとってしまうと、仮に上手くいかなかった時に、加盟者との間でトラブルが生じることは避けられないからです。

それでは、小さくフランチャイズ展開をしていこうと考える本部は、加盟者を集める際にどのようなアプローチをしていくべきなのか。

この点、私は、

- **フランチャイズ事業を通じてどのようなことを実現したいのか**
- **何を目的としてフランチャイズ展開をするのか**
- **加盟者にどのような未来を得てほしいのか**

等といった本部の思想を正しく伝えた上で、「もしこの想いに共感していただけるのであれば、我々と一緒に想いを広げていきませんか？」と加盟候補者に問いかけるアプローチを推奨しています。

本部の理念やビジョン、経営方針に共感して加盟してくださった方であれば、仮に加盟後、思ったように事業が上手くいかなかったとしても、本部と力を合わせて問題解決に向けて取り組んでいくことができるはずです。

もちろん、事業である以上「儲かるかどうか」は大切です。

しかし、**「儲かるかどうか」以前に、「本部の理念やビジョン、経営方針への共感」がなければならない**のです。

だからこそ、利益を最優先する人を加盟させないためにも、収益性の話をするのは本部側の理念やビジョン、経営方針を正しく伝え、加盟者の共感度合いを確認した後にするべきでしょう。

(2) 抱えているリスクも隠さず伝える。「去る者は追わず」の精神で

フランチャイズ本部としての経験も実績も不足していることを前提として加盟者募集を進めるわけですから、そのことは加盟検討者に十分に説明しなければなりません。

例えば、現時点で直営店舗が1店舗の状態でフランチャイズ展開を進めていこうと考えた場合、加盟検討者には次のようなリスク要因が考えられるでしょう。

- ビジネスモデルの再現性の検証が不十分なため、加盟者の店舗の業績が当初の想定を大きく下回るリスクがある
- はじめての加盟店のため、本部の研修内容やサポート体制が不十分な可能性があり、そのことで加盟者に負担が生じるリスクがある
- 予期せぬ問題の発生等によりフランチャイズシステムを見直す必要性が生じ、オペレーション変更や追加投資等の負担が発生するリスクがある

このようなリスクは、加盟検討者にとってはネガティブな内容となります。

加盟検討者に予め説明すると、そのことが加盟を見送るきっかけにもなりかねませんので、本部としては「説明するのを避けたい」と感じることもあるかもしれません。しかし、仮に本部がそのような姿勢で「加盟検討者にフランチャイズ加盟のリスクを隠した状態」で加盟させてしまったとして、加盟後にそのリスクが顕在化したとしたらどうなるでしょうか。

加盟者の立場から考えれば「本部にだまされた」と考えて当然ではないでしょうか。

こうなれば、本部と加盟者の信頼関係は破綻してしまいます。

ですから、間違っても加盟検討者にとってのリスク要因を隠したり、ごまかしたりするようなことは避けなければなりません。

小規模フランチャイズに限らず、「ネガティブなことこそ加盟前に説明する」ことはフランチャイズシステムの鉄則です。

特に本部体制が不十分でリスクも大きい小規模フランチャイズだからこそ、より丁寧に説明をするべきなのです。

十分にリスクの説明を受け、そのリスクを知った上で加盟することを決断したのであれば、仮に後からリスクが顕在化したとしても、少なくとも「本部にだまされた」

と考えることはないでしょう。

また、想定されるリスクを十分に説明した上で、「それでもやりたい！」といってくれる加盟者は、それだけのリスクを負ってまで加盟の決断をしてくれているわけですから、本部の理念やビジョン、経営方針にも共感してくれている可能性が高く、加盟後も本部の力になってくれるはずです。

想定されるリスクを覚悟の上で加盟の決断をしてくださった方は、まさに理想の加盟者といえるのではないでしょうか。

(3) 本部経営者自らが最終判断を行う

ここまで繰り返しお伝えしてきていますが、小規模フランチャイズでは、本部の理念やビジョン、経営方針を加盟者と共有し、盤石な信頼関係の下、力を合わせてフランチャイズ事業に取り組んでいくことが何よりも大切です。

そして、**この関係性を実現する上で最も重要なポイントが、理念やビジョン、経営方針の共有や信頼関係の構築ができる加盟希望者だけに加盟してもらうこと**なのです。

もちろん、加盟後にも理念やビジョン、経営方針の共有や信頼関係の構築のためのアプローチを行っていきますが、私の経験則では、そもそも理念やビジョン、経営方針の共有や信頼関係の構築が難しい人を加盟させてしまっているのであれば、後で何をしようともほとんど効果を発揮しないのです。

だからこそ、加盟契約を締結する前の段階で、本部経営者が加盟希望者との面談を行い、自らの言葉で本部の理念やビジョン、経営方針を熱量高く語るとともに、加盟希望者の反応から、加盟者は本部の理念やビジョン、経営方針を共有できる人物なのか、信頼に値する人物なのかを見極めなければならないのです。

フランチャイズ展開を成功させる上で最も重要なのは、「加盟させるべき人」だけに加盟してもらうことなのです。この最も重要なポイントの最終判断は、部下任せにせず、本部経営者自らが行うべきでしょう。

また、加盟交渉段階から本部経営者と直接コミュニケーションが取れることは、本部経営者と加盟者との距離感が近い小規模フランチャイズならではのことであり、加盟検討者側から見ても本部に対する信頼につながっていくことが期待されます。

大規模フランチャイズとの違いを明確に訴求するためにも、本部経営者が手間と時間をかけてでも加盟希望者と直接コミュニケーションを取るべきなのです。

地味でもいい！理想的な加盟希望者と出会うために、情報発信を継続する

先ほど、ブログやＳＮＳといったインターネットツールを活用して、本部の理念やビジョン、経営方針を継続的に情報発信していく方法をおすすめしましたが、**小規模フランチャイズの場合、私は経営者自らが手間をかけて、ブログやＳＮＳで定期的に情報発信を行うべきだと考えています。**

その理由は３点あります。

１．理想的な加盟希望者を集めることができる

理由の１つ目は、本部の理念やビジョン、経営方針に共感した理想的な加盟希望者

を集めることができる点です。

先にもお伝えした通り、本部の理念やビジョン、経営方針に共感してくれる加盟希望者を集めるためには、継続的な接触の中で、本部の理念やビジョン、経営方針を加盟検討者に繰り返し伝えていき、その共感度を高めていくことが不可欠です。

しかし、直接的に会ってコミュニケーションを取るとなると、自ずと接触できる回数に限界が生じてしまいます。

一方、**ブログやSNSであれば、間接的ではありますが、容易に加盟検討者との接触を繰り返すことができます。**

この効果を実感したことのない人は「そんなことで関係性が深まるのか」と疑問を感じるかもしれませんが、ブログやSNSでの接触であったとしても、繰り返し接触することで確実に関係性は深まっていくのです。

しかも、ブログやSNSで発信される経営者自らが書いた文章や想いを語った動画には、経営者の思想や人柄が顕著に表れるため、それらの情報に接してフランチャイズ加盟に興味を持った方は、本部と相性が良く、また本部の理念やビジョン、経営方針に共感している可能性も高いのです。

2．フランチャイズ本部としての実績や加盟条件での比較を回避することができる

理由の2つ目は、フランチャイズ本部としての実績や加盟条件での比較を回避することができる点です。

フランチャイズ加盟という選択は、個人であれば人生を、企業であれば企業の命運を左右する重大な意思決定になりますから、加盟検討者は当然多くのフランチャイズ本部の実績や加盟条件を比較し、加盟するフランチャイズを決定します。

しかし、フランチャイズ本部としての実績や加盟条件で比較されてしまうと、これから展開を開始する、または展開を開始したばかりのフランチャイズ本部は、大手フランチャイズ本部にはまず勝てません。

そのため、小規模フランチャイズ本部としては、フランチャイズ本部としての実績

や加盟条件だけで比較されないようにする必要があります。

この点、ブログやSNSを通じて加盟検討者との接触を繰り返し、本部と加盟検討者間の信頼関係や、本部の理念やビジョン、経営方針への共感を作りだすことができれば、フランチャイズ本部としての実績や加盟条件での比較を回避することもできます。

具体的には、

- **あなたが経営するフランチャイズに加盟したい！**
- **あなたと一緒に仕事がしたい！**
- **あなたが目指す理念やビジョンをともに実現させたい！**

等と言ってくれる加盟希望者を見つけることができれば、フランチャイズ本部としての実績や加盟条件が劣っていたとしても、その部分で比較されることが無くなるのです。

このような状況は、まさに小規模フランチャイズ本部の理想形といえるでしょう。

３．発信した情報が資産となって中長期的に効果を発揮してくれる

理由の３つ目は、ブログやＳＮＳで発信した情報はインターネット上に蓄積されていき、資産となって中長期的に効果を発揮してくれる点です。

広告は、短期的には大きな効果が見込めたとしても、**効果があるのは「広告にお金を払っている期間だけ」**です。

そのため、加盟者募集を広告だけで行っているとすると、ずっと高額な広告費をかけ続けなければなりません。

もちろんそのような考え方もありですが、そもそも大規模展開を想定していない小規模フランチャイズの場合、継続的に高額な広告費をかけ続けることは現実的な選択肢とは言えません。

一方、ブログやＳＮＳによる情報発信は、すぐに効果はでにくいですが、手間をかけて継続的に実施していくことで、徐々にインターネット上に会社の資産として蓄積

されていき、やがて放っておいても効果を生み出す状態になることが期待できます。

ブログやSNSでの情報発信はストック型の取り組みだからこそ、早い段階から積極的に取り組みを進めていくべきなのです。

このように、手間をかけてブログやSNSで定期的に情報発信を行うことによって、本部の理念やビジョン、経営方針に共感した加盟希望者を中長期的に低コストで獲得できるようになることが期待できるのです。

また、手間がかかり、かつ効果がでるまでに時間がかかる取り組みということは、それだけ「他社にとっても取り組むハードルが高い」ということでもあります。

同様の取り組みをできる企業が少ない分、自社が手間をかけて情報発信を継続していけば、他社と圧倒的に差をつけられる可能性があるとも言うことができるでしょう。

これが、弊社が「小規模フランチャイズこそ手間をかけて、ブログやSNSで定期的に情報発信を行うべき」と断言できる理由なのです。

理想的な加盟希望者と出会うために発信すべき情報

それでは、ブログやＳＮＳで情報発信していこうと考えた場合、具体的にどのような情報を発信していくべきなのでしょうか。

この点、私は「本部経営者の経営やフランチャイズ展開に対する思想」、「本部経営者の人柄」の２点が感じられる情報を発信していくことを推奨しています。

まず、「本部経営者の経営やフランチャイズ展開に対する思想」についてですが、フランチャイズ本部としての経験や実績が少ない小規模フランチャイズの場合には、加盟希望者に「**この経営者と一緒に仕事がしたい！**」「**この経営者であれば信頼できる！**」などと感じてもらわなければなりません。

この状況を実現するためには、本部経営者の経営やフランチャイズに対する思想を、自らの言葉で伝えていく必要があります。
具体的には、

- **事業を通じて実現したいこと**
- **社会に提供したい価値**
- **フランチャイズ展開の目的**
- **加盟者に実現してほしい未来**
- **経営、フランチャイズ展開する上で大切にしていること**

等といった内容です。

経営者自らの言葉でこれらの内容を継続的に発信していくことで始めて、それらの情報に接し、思想に共感した加盟検討者が「この経営者と一緒に仕事がしたい！」「この経営者であれば信頼できる！」などと集まってくることが期待できるのです。

「事業方針説明会や個別面談など、本部経営者が加盟検討者と直接接する時に伝えればいいのでは？」と感じる方もいるかもしれません。

しかし、ほとんどの加盟検討者は、本部経営者と直接接する前に加盟者募集の流れから脱落してしまいます。

ですから、できるだけ多くの加盟検討者に本部経営者の思想を伝えられるようにするためにも、ブログやSNSを通じてその想いを情報発信していくべきなのです。

続いて、「本部経営者の人柄」です。

具体的には、

- **日々の出来事の中で感じたことや考えたこと**
- **最近取り組んだこと**
- **趣味**
- **習慣**

等といった内容です。

意外に思われる方も多いかもしれませんが、ファンを増やしていこうと考えた時に、情報発信者の人柄が見えることはとても重要なポイントとなります。

なぜかというと、**情報発信者の人柄が感じられると、情報の受け手は発信者に対して親しみを感じる**からです。

> 自宅から歩いて5分ほどの公園で
> 赤ちゃんを連れたカルガモを発見。
> その赤ちゃんのかわいさがヤバイのです。
> 小さくて、モフモフしていて…
> 気がついたら30分くらい眺めてました。
> そして、発見してから3日間連続で
> カルガモ観察にいってます。
> すっかりカルガモおじさんです（´—｀）

例えば、上記は私がメールマガジンに書いた文章の一部を切り取ったものです。

この文章を読んで、私にどのような印象を持つでしょうか？

親しみを感じてくださる方もいらっしゃるのではないでしょうか。

実は、このメールマガジンを送付後、読者の数名から、

・カルガモ、かわいいですよね！
・その後、カルガモ観察は行ってますか？
・家の近くにカルガモが住んでるなんていいですね！

等といった反応をいただきました。

メールマガジンの本題とはまったく関係ない情報ですが、この文章から私の人柄を感じ取り、親しみを感じてくれたのだと思います。

このように、人柄を感じさせる情報を織り交ぜていくことによって、情報の受け手との距離感を縮めていくことができます。

ファンをつくるためにも、本部経営者の人柄が感じられる情報を、ブログやＳＮＳを通じて発信していくべきなのです。

なお、フランチャイズ展開を開始する際、「加盟者募集サイトを専門の制作会社に依頼して綺麗に作り込んだ方がいいですか？」という質問をいただくことがあります。

もちろん綺麗に作り込んでいただいた方がいいのですが、第三者によって綺麗に作り込まれたサイトは、一見して第三者の手で作り込まれていることがわかるため、情報発信者の思想や人柄が見えるブログやＳＮＳと比べて、情報の信頼度はそれほど高くありません。

そのため、私の経験則では、どれだけ綺麗に加盟者募集サイトを作り込んだとしても、そのことだけで大きな成果が生まれることはないと考えます。

だからこそ、ただ綺麗なサイトを作るだけではなく、それと併せてブログやＳＮＳ

を通じて経営者の思想や人柄を継続的に情報発信することによって、情報の信頼度を高めていくことが求められるのです。

フランチャイズ加盟募集の正式リリース前に加盟者が3名内定した例も

弊社がこれまで小規模フランチャイズの導入をサポートさせていただいた会社の中には、経営者がブログで定期的に情報発信をすることによって、素晴らしい成果を出している例があります。

美容サロンを2店舗展開するF社では、日々更新している経営者ブログの中で、フランチャイズシステム作りに取りかかっていることに少しだけ触れただけであるにもかかわらず、なんとフランチャイズ加盟募集の正式リリース前に、加盟者を3名も内定させることに成功したのです。

驚くべき成果ですが、その経営者ブログを確認してみると、そのような成果が生まれることも納得することができました。

Ｆ社の経営者は、過去10年にわたり定期的に経営者ブログを書き続けていたのですが、そのブログを読んでみると、事業や美容業界に対する経営者の想いや情熱が自然と伝わってきて、「この経営者であれば加盟者のために本気でサポートしてくれるのではないか」と客観的に見ても感じることができるのです。

今回のケースを私なりに分析すると、Ｆ社経営者のブログをいつも読んでいて、Ｆ社経営者の理念やビジョンに共感した読者が、ブログの内容からＦ社経営者がフランチャイズ展開の準備をしていることを知り、「待ってました」と言わんばかりに正式なリリース前であるにもかかわらず問い合わせをしてきた、ということなのだと思います。

そのため、**問い合わせをしてきた方はＦ社の理念やビジョン、経営方針にも深く共感してくれていて、他のフランチャイズ本部と比較することもなく、１回の面談で加盟内定するに至った**のです。

まさに小規模フランチャイズの理想形ともいえる状況ではないでしょうか。

基本的に、経営者は多忙です。

そのため、「ブログやＳＮＳで定期的に情報発信した方がいい」と言われても、そう簡単に取り組めることではありません。

しかも、情報発信したところですぐに成果はでませんので、腰が重たくなる理由もよくわかります。

しかし、地道に情報発信を継続していくことが、やがて大きな違いを生み出します。

Ｆ社経営者の例など、その典型的なケースでしょう。

10年もの間、少しずつ蓄積してきたブログは、他のフランチャイズ本部との圧倒的な違いを生み出し、理想的な加盟希望者を自動的に集めてくるツールと化しているのです。

Ｆ社の例から見ても、理念やビジョン、経営方針を共有できる加盟希望者を集めていきたいと考えるのであれば、経営者自らが地道な情報発信を継続的に取り組んでいかなければならないといえるのではないでしょうか。

中長期的に安定した加盟者集めを実現するために加盟検討者情報をリスト化する

ここまで、理想的な加盟希望者と出会うためには本部経営者による継続的な情報発信が必要であることを説明してきましたが、最後に、中長期的に安定した加盟者獲得を実現するために、**加盟検討者情報をリスト化することの重要性**をお伝えしたいと思います。

先にもお伝えしている通り、フランチャイズ加盟という選択は、個人であれば人生を、法人であれば会社の命運を左右する、重大な意思決定です。

特に、フランチャイズ加盟という選択は、多くの加盟検討者にとって「今すぐに意思決定しなければならないもの」ではありません。「加盟したいけれども、今はそのタイミングではない」ということもよくあります。

そのため、例えばフランチャイズの展示会や事業説明会で加盟者を獲得しようと考えていたとしても、加盟検討者と出会うことはできても、すぐに契約に至るケースは稀なのです。

フランチャイズの展示会への出展やフランチャイズ募集サイトへの掲載には、大きなコストがかかります。

仮にそこで出会った加盟検討者との関係性をその場限りで終わらせてしまっていたとするならば、いつまで経ってもそれらのプロモーションコストをかけ続けなければなりません。

ここに、加盟検討者の情報をリスト化し、継続的に接していくことの重要性が浮かび上がります。

加盟検討者の情報をリスト化するとは、加盟検討者の連絡先等の情報を取得したり、SNSの登録をしてもらったりすることにより、加盟検討者に対してこちらから自由にアプローチができる状況にすることを意味します。

フランチャイズの展示会出展やフランチャイズ募集サイトへの掲載によって一度は接触したものの、すぐに加盟に至らなかった場合、それら加盟検討者の情報をリスト化して定期的・継続的に接触し、関係性を構築していくことができれば、数年後には加盟に至るかもしれません。

仮に、フランチャイズの展示会への出展やフランチャイズ募集サイトへの掲載によって１００件の問い合わせがあったとして、１年目はそのうち１件しか決まらなかったとしましょう。

１件の問い合わせ獲得に１万円のコストがかかっているとすると、１件の加盟獲得には１００万円のコストがかかっていることになります。

ここで、残りの99件をリスト化し、継続的な接触を通じて関係性を構築した結果、２年目にもう１件加盟につなげることができれば、１件の加盟獲得にかかるコストが50万円にまで低下します。

さらに将来には残りの98件のリストから加盟者が生まれる可能性もあるのです。

当然、新しいリストも加わっていくことになりますから、**時間の経過とともにリストが大きくなり、そこから加盟者が生まれる可能性もどんどん高まっていくことになります。**

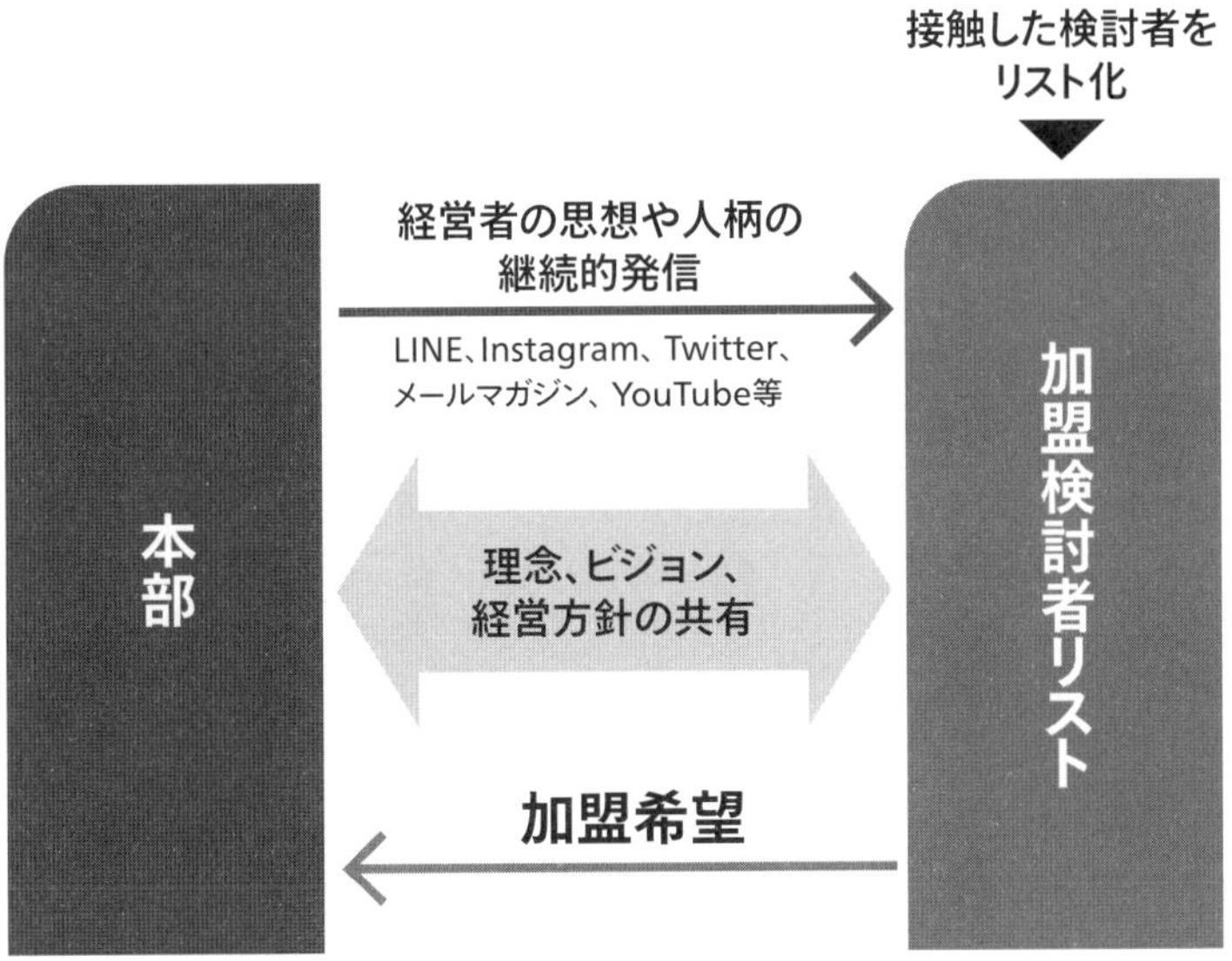

このように、一度接触した加盟検討者をリスト化し、継続的な接触を通じて関係性を構築していく仕組みがあると、時間の経過とともにリストが蓄積していき、やがて新たなコストをかけずとも安定的に加盟店を開発できるようになることが期待できるのです。

一昔前の時代には、インターネットツールがそれほど普及していなかったこともあり、これを自然な形で実現するのは非常に難しかったのですが、最近では、LINE、Instagram、Twitter、メールマガジン、YouTube等の様々なツールが存在します。

例えば、加盟検討者にLINEやメールマガジンの登録をしてもらってもいいですし、Instagram や Twitter で加盟検討者とつながるのでもいいでしょう。

そして、そのツールで先に紹介した本部経営者の思想や人柄が感じられる情報を継続的に発信していくのです。

地道な取り組みですが、着実に積み重ねていくことで、数年後には加盟者募集の安定度やコストパフォーマンスに大きな差が現れます。

数年後に安定した加盟者集めを実現するためにも、加盟検討者情報をリスト化し、継続的な接触を通じて関係性を深めていく仕組みは、フランチャイズ展開の初期段階から作り込んでおくべきでしょう。

第5章

1号店の成功をケーススタディに、「新規出店」の道のりをスムーズに

二人三脚でオープンを実現することで、「信頼関係」が構築できる

第4章では、加盟候補者の探し方や見極め方を紹介してきました。

本章では、加盟者が新規店舗をオープンするまでの開業サポートのあり方を確認していきたいと思います。

理想的な加盟者が見つかったら、いよいよ新規出店に向けた準備がスタートします。

フランチャイズ展開を成功させるためには、加盟者に成功してもらうことが何よりも重要です。本部としては加盟者に成功してもらえるよう、できる限りのサポートをしていく必要があります。

特に、開業サポートのあり方は、フランチャイズ展開の成否を左右する重大なポイントといえます。

その理由は、**開業サポートのあり方が、後々の本部と加盟者間の信頼関係に大きく**

影響するからです。

すでにお伝えしている通り、加盟者はフランチャイズ事業についての知識も経験もないことが普通です。だからこそ、加盟金やロイヤリティといったコストを負担してまで、フランチャイズ加盟という選択をしているのです。

当然、加盟者は本部の積極的なサポート無しには、スムーズに事業を立ち上げることなどできません。

仮にフランチャイズ本部による開業時のサポートが不十分で、結果、加盟者に大きな負担がかかったり、事業立ち上げ段階で躓いたりするようなことがあれば、本部に対してネガティブな印象を持つことは避けられないでしょう。

このような状況が生じれば、後々の本部と加盟者との信頼関係にもマイナスになることは間違いありません。

一方、本部の手厚いサポートによって加盟者がスムーズに事業を立ち上げられたとしたらどうでしょうか。「この本部を選んでよかった！」と、より一層本部に対する信頼を持ってくれるのではないでしょうか。

このように、本部と加盟者がはじめて共同で取り組む開業までの道のりは、後々の本部と加盟者間の信頼関係に大きく影響を与えることになるのです。

だからこそ、本部と加盟者間の信頼関係をゆるぎないものにするためにも、本部は加盟者の開業に際して、全身全霊をかけてサポートをしていかなければならないでしょう。

直営店のオープン当時をヒントに、「開業までの工程表」を作成する

加盟者の開業をサポートするにあたり、本部が予め行っておくべきことが、**フランチャイズ事業の開業に必要な業務や手続きを漏れなく落とし込んだ「開業工程表」を作成すること**です。

先にもお伝えした通り、加盟者はフランチャイズ事業の素人です。本部から見たら当たり前のことであったとしても、加盟者から見れば当たり前のことではないことが多々あります。

例えば、私の知り合いがあるサービス業フランチャイズに加盟をした際、初日にお祝いの訪問をしたのですが、店内には音楽が流れておらず無音で、異様な状況だったことがあります。オーナーに話を聞いたところ、本部から特に指示がなかったことも

あり、店舗ＢＧＭサービスに申し込むのを忘れていたとのこと……。

本部からすれば、開業にあたり店舗ＢＧＭサービスを申し込むことなど当たり前なため、特に指示を出さなかったのかもしれません。

しかし、その結果、「オープン時に店舗が無音」という絶対にあってはならない状況が生じてしまったのです。

些細なことのように感じるかもしれませんが、これが「備品や原材料の発注」「インターネット回線の申し込み」等のように、店舗の営業可否に関わる重大な業務の漏れであったとしたらどうなるでしょうか。

こんな事態が生じたとしたら、スタートから大混乱が生じることになります。

当然、加盟者の本部に対する信頼も失墜することは間違いありません。

こんな状況が生じぬよう、**本部としては、直営店舗をオープンする際に取り組んだことを事細かに洗い出し、予め業務リスト化するとともに、加盟店舗のオープン日を踏まえてスケジュールに落とし込んだ開業工程表を作成しておくべき**なのです。

業務		担当		実施期限	ステータス
項目	詳細	本部	加盟店		
その他開店準備	電気・ガス・水道		●	×月×日	完了
	店舗電話番号の確認	●	●	×月×日	確認中
	プロバイダー契約		●	×月×日	確認中
	店舗BGM契約		●	×月×日	完了
	ゴミ回収日の確認		●	×月×日	
	名刺・印鑑関係発注		●	×月×日	
	許認可確認		●	×月×日	
	入金銀行口座の用意		●	×月×日	
	レジ金の準備		●	×月×日	
	プレスリリース	●		×月×日	
	シフト作成		●	×月×日	
	SNSアカウントの準備	●		×月×日	
	ホームページへの掲載	●		×月×日	
	Googleビジネス関連の登録	●		×月×日	

また、本部はただ開業工程表を提示するだけではなく、開業工程表に基づく進捗管理や必要に応じたサポートも積極的に行っていかなければなりません。

予定通りに進んでいるのか、次に何をするべきなのか、加盟者と開業工程表を確認しながら二人三脚で開業準備を進めていくべきでしょう。

漏れの無い開業工程表を確認しながら丁寧にサポートしていくことで、加盟者のスムーズな開業を実現することができ、それが本部と加盟者間の信頼関係にもつながっていくのです。

店舗ビジネスは立地が重要。「立地選定基準」も文章に落とし込む

フランチャイズ事業を成功させるための要因としては、商品・サービスの内容、価格、接客サービス、販売促進等いろいろな要因が考えられますが、第３章でもお伝えした通り、こういった様々な要因の中でも、**店舗ビジネスでは特に「立地」が重要な要素**となります。

特に、店舗ビジネスの場合、仮に開業後に思うように上手くいかない場合にも、一旦店舗を構えてしまうと、簡単に移転することができません。

移転するためには既存店舗を原状回復する必要がありますし、さらに新規店舗の物件取得費や内外装費といった新たな投資が必要になる等、店舗移転には多額の資金が必要となるからです。

当然、本部としては加盟者の立地選定を全面的にサポートしていく必要があります。

この時、予め用意しておきたいのが「**立地選定基準**」です。

立地選定基準とは、当該フランチャイズ事業の成功確率を高めるために出店立地や物件に望まれる条件をまとめたものです。

この立地選定基準に基づいて加盟者に開業する立地を選定してもらうとともに、本部が評価をすることで、立地選定で失敗するリスクを抑制することができます。

立地選定基準の作成にあたっては、直営店舗を参考に、以下の3つの視点からフランチャイズ事業の成功確率を高めるために出店立地や物件に望まれる条件を洗い出していくと良いでしょう。

1.商圏

商圏とは、店舗に集客することができるエリアのことを意味します。

どのくらいのエリアが商圏になるのか、直営店舗の実績を参考に基準を設定します。「店舗から半径●㎞」「店舗から徒歩●分以内」などといったイメージです。

直営店の顧客情報を保有している場合には、その情報を地図にマッピングすることで、おおよその商圏を把握することができます。

顧客情報を保有していない場合には、既存顧客へアンケートを実施すると良いでしょう。

おおよその商圏がわかったら、商圏内のターゲット人口も確認しておきましょう。

商圏分析には、独立行政法人統計センターが運用している「e-Stat　政府統計の総合窓口」で提供されている「jSTAT MAP」を活用するのがおすすめです。

誰でも無料に利用することができる地理情報システムで、指定した地域の分析レポートを簡単に作成することができます。

2. 動線

動線とは、店舗周辺における人が移動する経路を線で表したものを言います。

動線にはどのような条件が必要なのか、直営店舗の実績を参考に基準を設定します。

「駅から徒歩●分以内」「駅と大学間の主要な経路上にあることが望ましい」等とい

ったイメージです。

商圏的には基準をクリアしていたとしても、そもそも店舗周辺の人通りが少ないと、お店の存在を認知してもらいにくくなるため、集客するのが難しくなります。とはいえ、店舗周辺の人通りが多い立地は、賃料も高くなりがちです。

最近では、インターネットを活用して集客している企業も増えており、そのようなビジネスモデルの場合、店舗周辺の人通りの多少はそれほど重視されないケースもあります。

フランチャイズ事業のビジネスモデルを踏まえ、重要な条件を洗い出していきます。

3. 物件

最後に、物件に求められる条件を設定します。「面積」「室内の形状」「間口」「階層」「視認性」「雰囲気」「賃料」等が該当します。

物件に求められる条件は、ビジネスモデルによって千差万別です。

例えば、通行人の取り込みを狙う飲食店の場合には、「間口」「階層」「視認性」が重要な条件となるかもしれません。

一方、インターネット経由の女性客を狙う美容サロンの場合、「間口」「階層」「視認性」はさほど重視されない一方、女性が通いたいと感じる「雰囲気」や「駅からの距離の近さ」が重要な条件となるかもしれません。

物件に求められる条件は多岐にわたり、かつビジネスモデルによっても大きく変化するため、加盟者にとっては3つの視点の中でも最もイメージの持ちにくい基準ともいえます。まさに本部の腕の見せ所です。

フランチャイズ事業のビジネスモデルを踏まえ、物件に求められる条件を詳細に抽出しておく必要があるでしょう。

物件契約前には、必ず本部も現場調査を行うこと

先にお伝えした通り、店舗ビジネスにおいて、出店する立地はフランチャイズ事業の成否を左右する重要なポイントとなります。

そのため、立地選定基準を満たす物件が見つかったら、物件契約の前に、その物件で本当にいいのか、本部として評価をする必要があります。

ここでポイントとなるのが、**加盟者が物件契約をする前に、必ず本部の担当者も現地に訪問して現場調査を行う**という点です。

今の時代、様々なインターネットサービスが登場したことで、現地を訪問せずとも立地の調査を行うことができるようになりました。

しかし、どんなに便利になったとはいえ、実際に行ってみてはじめて気がつくことも多くあるはずです。

例えば、私の自宅の近くに、1年に2～3回は入れ替わる飲食店向けの物件があります。駅から近く、間口も広くて、かつ賃料も低めのため、インターネットで見る限り非常に良い物件のように感じられます。

実際、空きがでてもすぐに次のテナントが決まるのです。

ただ、土地勘があり、飲食業界での勤務経験もある私から見ると、明らかにその物件は飲食店には向いていないのです。一見すると悪い条件には見えないのですが、物件前の通りの雰囲気が悪く、近隣住民があまり通らない動線上にあるのです。

これを地図や写真から読み取るのは難しいかもしれません。

しかし実際に現地に行き、しばらく人通りを眺めていれば、少なくともフランチャイズ展開を考えているレベルの本部であれば、この物件が飲食店には向いていないことはすぐにわかるはずです。

大規模に展開しているフランチャイズ本部であれば、立地診断の担当者がいるため、物件契約前には担当者が現場調査を行うことができます。

しかし、小規模にフランチャイズ展開しようと考えている本部の場合、立地診断の担当者などいないことが前提です。

そのため、特に遠方の立地だと、現場訪問をせずにインターネット上での調査だけで終わらせたいと考えてしまうかもしれません。

しかし、フランチャイズ事業の成否を左右する立地だからこそ、契約の前に一度は訪問して、インターネットでは読み取れない情報も確認した上で、最終評価を行うべきだと思います。本部のこのような姿勢が、加盟者からの信頼を生むはずです。

店舗のイメージや使い勝手は設計や什器の配置で変わる。先輩ならではのアドバイスを

開業する物件が決まったら、いよいよ具体的な店舗作りがスタートします。まず取り組まなければならないことが、店舗のレイアウトや内外装のデザイン、什器備品の配置といった店舗設計です。

店舗ビジネスにおいて、店舗内外装のイメージやレイアウトは、成功する上で非常に重要な要素となります。なぜならば、顧客の動線やスタッフの作業効率を計算してレイアウトを設計しておかなければ店舗の生産性が低下してしまいますし、フランチャイズチェーンの場合、全店で店舗内外装のイメージをある程度統一しておかなければ、ブランドイメージを保つことができないからです。

そして、立地と同様、店舗設計も一度開業してしまった後には簡単に変更すること

はできません。ですので、店舗設計においても、本部が全面的にサポートしていかなければならないでしょう。

店舗設計には本部のノウハウがつまっているはずであり、フランチャイズ事業について素人である加盟者が自分でできるものではありません。

そのため、店舗設計は加盟者任せにせず、本部主導で進めていくべきです。

加盟者にこだわりがあり、自分で店舗設計をすることを希望する場合にも、本部が主導して決めた内容に、加盟者の希望を反映させていく形で進めていくべきでしょう。

フランチャイズシステムにおいて重要視されるべきことは、「加盟者の希望」よりも「加盟者の成功」です。

店舗設計に限りませんが、必ずしも加盟者の希望通りにすれば良いというものではないのです。

本部としては、このことを心に留めておく必要があります。

また、設計を本部主導で進めていれば、施工は加盟者に委ねてしまっても問題ありませんが、加盟者に付き合いのある施工会社がいないケースもありますので、直営店舗の施工実績がある施工会社の紹介までを本部が一貫して行ってあげると良いでしょう。

本部が積極的に情報提供すれば、格段に「資金調達」がしやすくなる！

加盟者がフランチャイズ事業を開始するにあたり、物件取得費や内外装工事費など、まとまった資金が必要になります。そのため、「資金調達をどのように行うのか」という点が問題になることがあります。

特に個人がフランチャイズ加盟で独立をする際などにありがちです。

加盟意欲はあったとしても、必要資金が調達できなければ、どうしようもありません。

本部としては、このようなケースが生じた際にも加盟者をサポートできるよう準備を進めていく必要があります。

一般的に、フランチャイズ加盟をする場合、自力で開業したり、新規事業を立ち上げたりするケースと比較すると、金融機関からの資金調達がしやすい傾向にあります。

なぜならば、**フランチャイズ加盟の場合、加盟者はこれまで本部が培ってきた実績、つまり本部の信用力を活用して資金調達をすることができる**からです。

実績の無い自力開業や新規事業立ち上げと比較すると、本部の実績がある分、金融機関としても融資がしやすいのです。


本部としては、このフランチャイズシステムの優位性を最大限に活用し、加盟店の資金調達を全面的にバックアップしていくべきでしょう。

具体的にできることとしては、本部の実績を根拠とした事業計画の作成サポートや、取引先金融機関の紹介などが挙げられます。


例えば、加盟者が収支計画を作成するにあたり、加盟者の店舗と類似する直営店舗の実績データを提供するとしましょう。この場合、直営店舗の実績データが収支計画の根拠となるため、第三者から見て収支計画に対する信頼性が格段に増すはずです。

そして、これはフランチャイズだからこそ実現できることです。

なぜならば、**自力開業や新規事業立ち上げの場合、収支計画の理由付けはできたと**

しても、実績がないため、根拠となるデータを示すことまではできないからです。

個人を加盟ターゲットとして清掃業のフランチャイズ展開をしているG社では、加盟者が開業する商圏に最も近い直営店舗の開業後3年間の収支実績を加盟者に提供し、収支計画や資金繰り計画の作成をサポートしています。

また、必要に応じて金融機関担当者との面談にも同席し、加盟者と一緒にビジネスモデルの説明を行うなど、加盟者の資金調達を全面的にサポートしています。

金融機関から見れば、実績に基づいた事業計画書があり、しかもその内容を経験者から丁寧に説明してもらえるわけですから、自力開業する人と比べれば格段に信用できるはずです。

実際、取引先の金融機関からは「フランチャイズ契約締結後であれば融資をする」と、フランチャイズ契約を結んでいることを融資の条件として提示されたことさえあるほどです。加盟者が本部とフランチャイズ契約を締結することが、加盟者の信用力アップにつながっている典型例といえます。

このように、加盟者の資金調達は、本部が大きく貢献できるポイントです。決して加盟者任せにするのではなく、本部として加盟者の資金調達を全面的にバックアップしていくべきでしょう。

必要に応じて加盟者の「資金繰り」までをケアすること

加盟者に資金的余力がない場合や、個人がフランチャイズ加盟で開業をする場合などは、資金調達のサポートだけではなく、開業後の資金繰りまで本部がサポートしてあげなければならないケースもあります。

資金繰りのサポートといっても、本部が資金を貸し付けるということではありません。

加盟者の資金繰り計画の作成をサポートし、当面の資金繰りに見通しをつける、ということです。

実際に事業を立ち上げた経験がある方なら十分に理解していることだと思いますが、開業時にはなにかと資金の流出が続きます。

例えば、本部に払う加盟金や研修費、開業までに発生する前家賃や人件費、不動産取得費などが挙げられるでしょう。

一方、ビジネスモデルによっては、売り上げが入金されるまでに一定時間がかかるケースや、会員制ビジネスのように損益分岐点売上高に達するまでに一定期間を要するケースがあります。このようなビジネスモデルでは、開業してからしばらくの間、資金繰りが苦しい状況になりがちです。

加盟者がこれらのことを踏まえ、必要資金を用意してくれていれば問題ありません。しかし、普通に考えてフランチャイズ事業についての経験がない加盟者、特にフランチャイズ加盟で開業する個人にこれを求めることは難しいかもしれません。

仮に、開業後に加盟者が資金繰りに悩むような事態となったとしたら、加盟者はもちろんのこと、本部にとっても一大事です。

だからこそ、本部としては、必要に応じて加盟者の開業後の資金繰りまでサポートをしてあげるべきなのです。

なお、資金繰り計画を作成するにあたっては、売上不調の可能性を踏まえ、売り上げが想定を下回った場合にも資金が回るように計画しておく必要があります。

資金繰り計画は希望的観測で作成しないよう注意が必要です。

開業時の販促活動は事業の成否を左右する！販促プランは必ず作成する

収支計画や資金計画と併せて考えておきたいのが、開業時における販促プランです。どのようなビジネスであれ、開業時は最も集客がしやすいタイミングといえます。このタイミングを逃すと、その後の集客ハードルは一気に高まることになります。開業時の販促活動は、事業の成否を左右するといっても過言ではありません。

だからこそ、**本部としては、加盟者に開業時の販促活動の重要性を伝え、加盟者の販促活動に対するモチベーションを高めるとともに、出店する立地に合わせた販促プランを作成するなど、加盟者の開業時の販促活動を積極的にサポートしていかなければなりません。**

ポイントは、加盟者が取り組むべき内容を具体的に示すことでしょう。

もちろん、本部としてもできる限りのサポートを行うべきですが、フランチャイズ店舗の運営主体は加盟者であり、開業時の販促活動も基本的には加盟者が主体となって行うべきものです。

加盟者が取り組むべき内容をあいまいにしてしまうと、加盟者から見れば、「本部が集客してくれる」と感じてしまっても不思議ではありません。このような事態を避けるためにも、**加盟者が取り組むべき内容を明確にした販促プランを本部主導で作成する必要がある**のです。

加盟者の視点から考えても、集客するために自身が取り組むべき販促活動が明確であった方が、行動力が生まれます。

逆に、取り組むべき内容があいまいだと、行動力はなかなか生まれません。

だからこそ、本部は予め開業時に加盟者が取り組むべき販促活動をリスト化しておくとともに、加盟者が出店する立地等の条件に合わせてカスタマイズして提案していくことが求められるのです。

店舗型ビジネスは人が命。「スタッフ研修」の内容設計は本部主導で

店舗ビジネスは、基本的に人を通じてサービスを提供します。

第1章でもお伝えした通り、経済が成熟化し、ありとあらゆる商売で商品・サービスの内容が同質化する中、競争優位性の源泉は、商品・サービス自体から、商品・サービスを提供するスタッフの仕事に対する姿勢やスキルに変わりつつあります。

つまり、店舗ビジネス成功のポイントは、「人の魅力」ともいえるのです。

特に、フランチャイズの場合、フランチャイズ事業の未経験者が加盟してくることが前提です。

加盟者にとっても、「フランチャイズ本部に、しっかりとした人材育成の仕組みがあるかどうか」はフランチャイズ加盟を検討する際の重要なポイントとなります。

そのため本部としては、当該業種の未経験者であっても、早期に一定水準の運営や

管理が可能な水準までスタッフを育成できる教育研修プログラムを整備しておかなければなりません。

教育研修プログラムの内容は、第3章で説明したマニュアルと同様、

①　理念・コンセプト

②　店舗運営

③　店舗管理

の3つの視点から加盟者に伝えるべき内容を棚卸し、プログラムに落とし込んでいきます。

教育研修プログラムは次の4つのステップで進めていくと良いでしょう。

ステップ1：知識のインプット

フランチャイズ店舗の運営を高い水準でこなすために知っておかなければならない知識をOff－JT形式で教育します。

Off－JTとは「Off The Job Training」の略称で、通常の業務から離れて行われる座学研修等をいいます。最近では、座学研修を動画で実施する本部も増えてきて

います。

ステップ2：インプットした知識を実体験

ステップ１で習得した知識をＯＪＴによって実体験し、実務で活用できるレベルまで昇華させていきます。ＯＪＴとは「On The Job Training」の略称で、日常の業務の中で行う教育訓練をいいます。

ステップ3：これまでの集大成として研修で学んだ内容を実践

これまでの集大成として、学んできた内容を現場で実践します。進め方は様々ありますが、例えばトレーニング店舗の「１週間店長」としてその期間の目標を設定し、ＰＤＣＡサイクルを実践して目標の達成を目指すような形式とすることが理想です。

学んだ内容を実際の現場で実践することにより、これまで学んだ内容がより深く理解できるようになることはもちろん、開業後の店舗運営についての自信にもつながっていくことが期待できます。

ステップ4：最終テストで研修内容の習得度を確認

研修の最後に、研修内容の習得度を確認するためのテストを実施します。最終テストに不合格の場合には、合格するまで追加研修を実施することも考えられます。最終テストに合格することを開業前研修卒業の条件とすることで、受講者の意識が高まり、最終的には店舗運営品質の安定化につながることが期待されます。

加盟者の「スタッフ採用」も本部が積極的にサポート

教育研修プログラムと併せて考えておきたいのが、**加盟者の「スタッフ採用」**です。**スタッフを戦力化していくためには、しっかりと教育をしていくことに加えて、フランチャイズ事業に適した人材を採用することも重要だからです。**

とはいえ、フランチャイズ事業の経験がない加盟者に、フランチャイズ事業に適した人材を採用しろといったところで、面接にきた人材がフランチャイズ事業に適した人材なのかどうか、判断できるはずもありません。

ですから、フランチャイズ事業の経験がない加盟者でも、フランチャイズ事業に適した人材を見極めて採用することができるよう、サポートしていく必要があります。

例えば、フランチャイズ事業に適した人材だけを採用するための面接における評価基準＝採用基準を明確化し、加盟者に示すことで、ある程度、フランチャイズ事業に適した人材を見極めることができるようになります。

場合によってはフランチャイズ本部の担当者が加盟者の一次面接を担当することも考えられます。

また、最近では少子高齢化等の影響により、人材を採用するのが非常に難しくなっている業種もあります。仮に加盟者が人材を採用することができなければ、フランチャイズ事業をスタートすることさえできなくなってしまいます。

このように人材採用の難易度が高い事業の場合には、本部としてどのようなサポートができるのかを、予め十分に検討しておく必要があるでしょう

例えば、整体サロンをフランチャイズ展開しているＨ社では、加盟者の人材採用をサポートするために、施術者向けのお役立ち情報を発信するＳＮＳアカウントを運用しています。日々、施術者向けのお役立ち情報を発信することで施術者のフォロワーを増やし、加盟者が開業する際には、そのＳＮＳアカウントで求人の告知を行っているのです。

このサポートがあるのとないのとでは、加盟者の本部に対する信頼感はまったく異なるものになるはずです。第3章でもお伝えしましたが、加盟者の不安や悩みから逆算して、本部のサポート内容を設計していくことが大切です。

オープン間近は人材を派遣して、新オーナーと新スタッフを支える

加盟者の研修が終わったら、いよいよ開業を迎えることになります。この時大切なことは、**オープン日前後に本部スタッフを派遣して、店舗運営を全面的にバックアップしてあげること**です。

研修の段階で、オープンまでに取り組むべきことや、オープン時の対応方法をすでに学んでいるかもしれません。しかし、いくら十分な準備をしているとはいえ、オープンの時には不安になったり、緊張したりするものです。また、営業日前後に予期せぬトラブルが起きることもあるでしょう。

そこで、加盟者の開業日の前後には本部スタッフを派遣して、現場で店舗運営を手厚くサポートしてあげるのです。

ビジネスモデルによっては、本部スタッフを派遣する必要性がないように感じる本

部もあるかもしれません。例えば、会員制ビジネスの場合、オープン時には会員が少ないため、本部スタッフを派遣したとしても、サポートできることはそれほどないかもしれません。

しかし、フランチャイズ事業の未経験者である加盟者から見れば、本部スタッフがいてくれるだけで心強さを感じます。ですから、それほどサポートの必要性はなかったとしても、オープン日前後の数日くらいは、本部スタッフを派遣してサポートしてあげると良いでしょう。

私は、本部として開業日前後に店舗運営でサポートすることが無い場合には、加盟者店舗の販売促進活動をお手伝いすることを推奨しています。オープンチラシを店前の通行人に配布したり、近隣住民にポスティングしたりするイメージです。

販売促進活動であれば、どのようなビジネスであっても何かしらはやることがあるでしょうし、何より、加盟者が大喜びしてくれるはずです。当然、本部に対する信頼感も増すことでしょう。開業段階から加盟者との信頼関係を盤石にすることができれば、本部にとって大きな財産となるはずです。

第6章

出店後の加盟店との関わり方&トラブルの防ぎ方

加盟後が本番！
コミュニケーションを多く取り、より深い関係を！

前章では、加盟が決まってから、実際にオープンするまでの本部としての開業サポートのあり方を紹介してきました。本書の最終章となる本章では、本部と加盟者が中長期的に信頼関係を維持するための加盟者との関わり方を紹介していきたいと思います。

加盟者の店舗が無事にオープンしたら、本部としては一息つきたいところかもしれません。しかし、フランチャイズは加盟者の店舗がオープンしてからが本番です。オープン後、本部と加盟者は少なくとも数年単位の時間軸で、共同で事業に取り組んでいくことになります。

本部と加盟者が関わる時間は、店舗がオープンするまでよりも、オープンしてからの方が圧倒的に長いのです。

たとえ加盟の段階では本部と加盟者間に盤石な信頼関係が築かれていたとしても、その信頼関係が未来永劫続くわけではありません。本部が加盟者の店舗がオープンするまでは手厚いサポートをしていたとしても、オープン後の対応がお粗末であれば、本部と加盟者間の信頼関係はあっという間に崩壊してしまいます。

だからこそ、本部は加盟者が店舗をオープンした後にも、加盟者の発展のために全力で取り組んでいかなければなりません。**本部と加盟者間の信頼関係を中長期的に維持・深化させていくことができるかどうかは、本部の姿勢次第**なのです。

そして、本部の姿勢として非常に重要なポイントが、**加盟者とのコミュニケーション機会を多く確保すること**です。

基本的に、人と人との関係性は、コミュニケーションの「質」と「量」で決まります。

加盟者と〝質の高いコミュニケーションを多く取る〟ことができていれば、自然と本部と加盟者の信頼関係も深まっていきます。

ただし、コミュニケーションの質を高めていくためには、その前提として、コミュニケーションの量を確保しなければなりません。

というのも、加盟者の現状や目指すもの、人柄などを正しく理解していなければ、コミュニケーションの質など高めようがないからです。

また、第4章で紹介した通り、人には繰り返し接触することで相手に対する好感度や評価が高まっていく心理的傾向がありますから、コミュニケーションの量を確保すると、自然とコミュニケーションの質も高まっていきます。

そのため、本部が加盟者との信頼関係を中長期的に維持・深化させていきたいと考えるのであれば、まずは「加盟者とのコミュニケーション機会を多くとること」に徹底的にこだわるべきなのです。

参加者が少ないからこそ、定期的に「オーナー会」を開いて語ろう！

本部と加盟者間の信頼関係を維持・深化させていく上での重要なポイントは、本部の経営者と加盟店オーナーが顔を合わせてコミュニケーションを取る場を定期的に確保することです。

というのも、**本部の理念やビジョン、経営方針を最も熱量高く語ることができるのは本部の経営者であり、その熱量に加盟店オーナーに定期的に接してもらうことが、両者の信頼関係を維持・深化させていく上で最も効果的だと考えるからです。**

そのため、私は本部の経営者と加盟店オーナーが直接コミュニケーションを行う場として、オーナー会を年に複数回実施することを推奨しています。

特に、小規模フランチャイズの場合、オーナー会に参加する加盟者の数が限られる分、ただ本部の考えや方針を伝えるだけではなく、加盟者の意見や要望などを聞くこともできます。

すなわち、オーナー会の中で本部経営者と加盟店オーナーが双方向のコミュニケーションを行うことができるのです。そのため、加盟者が多く存在する大規模フランチャイズと比較すると、大きな効果が期待できます。

例えば、加盟者が１００名存在する場合、オーナー会の中で本部経営者と加盟者が双方向のコミュニケーションを取ることは不可能でしょう。

そのため、オーナー会は本部側からの一方的な伝達の場になりがちです。

このような規模の本部がオーナー会で加盟者との双方向のコミュニケーションを行うためには、オーナー会を複数回に分けて開催する必要があります。しかし、仮にオーナー会を10名毎に区切って開催するにしても、１００名の加盟店オーナーに参加してもらうためには、10回開催しなければなりません。

これを、年に複数セット実施するのは現実的に難しいでしょう。

一方、加盟者が10名程度の小規模フランチャイズであれば、１回の開催で本部経営者と全加盟店オーナーとが双方向のコミュニケーションを行うことができるのです。
前述の加盟者が１００名存在する例と比較すると、コミュニケーションコストは10分の1ということになります。

本部経営者と加盟店オーナーが直接コミュニケーションを取る機会は、本部と加盟者のコミュニケーションの「質」という意味では、最も高いレベルのコミュニケーションといえます。

オーナー会の中で質の高いコミュニケーションを取ることができるのですから、小規模なフランチャイズ本部こそ、オーナー会を頻繁に開催していくべきではないでしょうか。

飲食業を小規模にフランチャイズ展開するI社は、月に1回の頻度でオンラインによるオーナー会を開催しています。オーナー会といっても、本部から何かを伝える場というものではなく、参加した加盟者から最近の取り組みや成功・失敗事例を共有してもらい、その内容について参加者全員で意見交換をする場として運用しています。

参加者は10名にも満たないですが、参加者が限られる分、濃いコミュニケーションが可能であり、本部と加盟者はもちろんのこと、加盟者同士でも良好な関係性を築くことに成功しています。

オーナー会の中で、本部経営者と全加盟店経営者が双方向のコミュニケーションを取ることができる点は、小規模フランチャイズの優位性といえます。

本部と加盟者間の信頼関係を維持・深化させていくためにも、小規模な本部こそ、定期的にオーナー会を開いて、本部と加盟者間におけるコミュニケーションの質と量を確保していくべきでしょう。

「本部会議」に加盟者も参加してもらうことで、連帯感が生まれる

フランチャイズ展開を成功させるためには、本部と加盟者に「同じ仲間である」という意識、すなわち連帯感を醸成していくことも重要です。

そして、この実現のためには本部が実施している会議や研修会に加盟者にも参加してもらうことが有効です。

本部の中には、直営店と加盟店とで別々に会議や研修を行っているケースもありますが、このように直営店と加盟店とで取り扱いを分けてしまうと、「直営店　対　加盟店」という対立構造が生じやすくなります。

これは、一般的な組織に置き換えて考えてみるとイメージがしやすいでしょう。

例えば、会社を複数の部門に分けると、それぞれの部門内では自然と連帯感が生まれる一方、それぞれの部門が自らの利益を守ろうとする分、部門間では対立構造が生

じがちです。

私がフランチャイズ本部に勤めていた時にも、直営店と加盟店の会議や研修が別々に運営されており、直営店と加盟店で接する機会がほとんどない時期がありましたが、その時には、「直営店 対 加盟店」という対立構造が多く生まれていました。

一例を紹介すると、私がＳＶを担当していた時に、担当している加盟店の近くにある直営店が、一時期チラシ配りやポスティングといった販促活動を積極的に行っていることがありました。

普通に考えて、販促活動を頑張っている店舗が近隣にあることは、加盟店にとっても好ましい状態といえます。実際、その直営店が配布しているチラシには、加盟店の情報も掲載されていたのです。

しかし、私が担当していた加盟店の店長は、なぜか「あの直営店は勝手なことばかりしている」と、加盟店にとってマイナスになることは何一つないにもかかわらず、直営店の活動をネガティブに捉えていたのです。

直営店と加盟店とで交わりがなく、お互いのことをよく知らない結果、「直営店 対加盟店」という対立構造が生まれ、このような状況に陥ってしまったものと考えられます。

仮に、この加盟店と直営店の店長やスタッフが親しい関係だったとしたら、このような状況にはならないはずです。

様々な経験やノウハウを持つ加盟者が一つの組織に多く集まる点は、フランチャイズシステムの強みの一つです。

本部としては、この強みを最大限活用していくべきでしょう。

チェーン全体としての発展を目指すことを考えると、「直営店 対 加盟店」という対立構造は、絶対に避けなければならない状況です。

この点から考えると、会議や研修を行うにあたっては直営店と加盟店を一体として取り扱い、直営店、加盟店に関係なくコミュニケーションを取る場を用意することで、「直営店 対 加盟店」という関係性ではなく、「直営店と加盟店は同じ仲間」という連帯感を作りだしていくことが大切といえるのではないでしょうか。

加盟者同士の「横のつながり」は、本部が全面的にバックアップして作り出す

「フランチャイズの場合、加盟者同士の横のつながりはつくらない方がいいのでしょうか？」

これは、弊社にフランチャイズ展開の相談に訪れたフィットネス系チェーンを営む経営者からいただいたご質問です。

詳しくお話を伺うと、この経営者が加盟している本部が、加盟者同士でつながることに対して否定的で、開業前の研修中に他の加盟者と交流をしていたところ「他の研修生との会話はお控えください」といったような注意を受けたとのことでした。

このような経験から「フランチャイズ展開にあたっては、加盟者同士を交流させない方がいいの？」と疑問に感じていたようです。

この例は極端だとしても、加盟者同士の交流の場を用意していない本部は多いよう

に感じます。

なぜ、本部が加盟者同士の交流に対して否定的な態度なのか。

この点、私の経験則で申し上げると、**本部に不満を持つ加盟者同士が結束し、本部の抵抗勢力になることを回避するため**、ではないかと感じます。

例えば、本部に対して不満があったとしても、一加盟者が本部と対等なコミュニケーションをとることは現実的に不可能です。

しかし、同じ不満を持つ加盟者が複数集まれば、本部としても加盟者の不満に対応をせざるを得なくなるため、本部と対等にコミュニケーションを取ることが可能になります。そして、このような状況を避けたいと考える本部もあるかもしれません。

このような経緯から、加盟者同士のつながりに否定的な姿勢を持つ本部が出現するのです。

このような本部のあり方は、一昔前までは、加盟者同士の結束を防止する上で、一定の効果を発揮してきたのかもしれません。しかし、現代では状況が大きく変わってきています。

というのも、個人が自由に情報発信できる環境が整った今の時代、いくら本部が加盟者同士の交流を防ごうとしても、加盟者は本部の力など頼らずとも自力で交流をすることができるようになっているのです。

また、フランチャイズシステムをより良いものにブラッシュアップしていくためには、加盟者の声を収集することが欠かせません。

加盟者が持つ不満は、収集すべき情報の中でも特に重要な情報の一つといえます。にもかかわらず、「加盟者の不満に対応したくない」という理由で加盟者と向き合うことを避けるような姿勢は、本部としては失格です。

加えて、チェーン全体としての発展を考えた場合、本部と加盟者だけではなく、加盟者同士の連帯感も醸成していくべきでしょう。先にもお伝えした通り、様々な経験やノウハウを持つ加盟者が一つの組織に多数集まる点は、フランチャイズシステムの強みだからです。

加盟者同士が、それぞれの経験やノウハウを積極的に共有するようになれば、それは間違いなくチェーンの力となっていくはずです。

しかも、フランチャイズの加盟者は、本部の理念やビジョンに共感していることが前提です。同じ理念やビジョンを共有した経営者同士で交流することができるのであれば、そのこと自体が、フランチャイズに加盟する魅力にもなっていきます。

一般的に、加盟者は、加盟してから時間が経つにつれて、ロイヤリティを払うことに抵抗を感じるようになります。というのも、加盟者がフランチャイズ加盟してから時間が経過すればするほど、加盟者自身が本部のノウハウを吸収し、成長していくからです。

加盟者から見ると、本部が提供するノウハウやサポートの価値が、時間の経過とともに相対的に低下していくのです。

もちろん、本部も自らのノウハウやサポート内容に磨きをかけていくわけですが、加盟者が成長する以上、本部が提供するノウハウやサポートに対して、未来永劫、加盟時と同じレベルの価値を感じてもらうのは難しいでしょう。

一方、「理念やビジョンを共有した経営者同士の交流の場に参加できる」という価値は、加盟してから時間が経とうとも、価値が低下していくものではありません。むしろ、時間の経過とともに連帯感が醸成されたり、加盟者が増えたりしていくことでより一層価値が高まっていきます。

経営者のコミュニティは世の中にたくさんありますが、理念やビジョンを共有した経営者が集まるコミュニティは、なかなかお目にかかることができません。このようなコミュニティを本部が用意することができれば、ロイヤリティを支払うことに対する抵抗感を和らげることもできるはずです。

これらのことを考えると、加盟者同士の交流は、むしろ本部が全面的にバックアップして推進していくべきともいえるのではないでしょうか。

ＳＮＳを活用してチェーン内のコミュニケーションを活性化しよう！

ここまで「本部と加盟者」、「加盟者同士」のコミュニケーションのあり方を紹介してきましたが、ここでいうコミュニケーションとは、直接会って対話をすることだけを指すわけではありません。

メールやＳＮＳなどのインターネットツールを活用したコミュニケーションでも信頼関係を維持・深化させていくことは可能です。

もちろん、直接対話をする場があるに越したことはないのですが、直接対話するとなるとスケジュール調整の問題もあり、コミュニケーションの量を確保するハードルが一気に上がります。コミュニケーションの質にこだわった結果、量が確保できないのでは本末転倒です。

そこで、弊社ではＳＮＳを積極的に活用して、コミュニケーション量を確保することを推奨しています。

ＳＮＳを推奨する理由は、ＳＮＳであれば、いつでも手軽にコミュニケーションを取ることができる上、本部と加盟者はもちろんのこと、加盟者同士の交流までを同じ場で行うことができるため、上手く活用することでチェーン全体での連帯感を醸成することができるからです。

例えば、介護福祉事業をフランチャイズ展開するＪ社では、専用のグループページに本部、加盟者双方が日々の取り組み内容や気づき、成功・失敗事例を書き込むとともに、他者の書き込みに対して積極的にコメントやリアクションをするよう働きかけることによって、本部と加盟者、及び加盟者同士でのコミュニケーション活性化に努めています。

はじめのうちはなかなか交流も生まれなかったようですが、直接対話をする場と併せて継続して運用していくうちに、徐々に加盟者同士の関係性構築が進んで交流も活性化し、今ではチェーンにとって重要なコミュニケーションの場となっています。

インターネットツールを通じたコミュニケーションであったとしても、量を確保することができれば、本部と加盟者はもちろんのこと、加盟者同士の関係性も自然と深まってきます。そして、そのような場で本部の理念やビジョン、経営方針に関連する内容を定期的に情報発信していけば、自ずと加盟者への浸透も進んでいくのです。

これらのメリットを考えると、**本部としては「直接的なコミュニケーション」と「SNSを活用したコミュニケーション」、この2つを組み合わせて、「本部と加盟者」、「加盟者同士」のコミュニケーション頻度をできる限り多く確保していくべき**でしょう。

加盟者の知恵を積極的に取り入れ、ともにフランチャイズシステムを磨き上げていく

本部と加盟者間のコミュニケーションの質と量を高めていくことによって、加盟者の経験やノウハウをフランチャイズシステムのブラッシュアップに活かしていくこともできます。

これまでのフランチャイズでは、本部が成功するための仕組みを開発する一方、加盟者は本部が開発した仕組みを用いて事業運営する、といったように、本部と加盟者で役割が明確に分けられていることが一般的でした。

しかし、この関係性では、様々な経験やノウハウを持つ加盟者が一つの組織に多数集まるフランチャイズシステムの強みを活かせているとは言えません。

特に、経営環境がＶＵＣＡ化している現代では、本部だけではなく、加盟者の経験

やノウハウもフル活用して、フランチャイズシステムをブラッシュアップしていく姿勢が不可欠です。本部と加盟者が力を合わせてフランチャイズシステムのブラッシュアップに取り組むことができれば、本部が単独で取り組む場合と比較して、質も速度も飛躍的に高まるはずです。

ましてや、まだフランチャイズ本部としての十分な実績がなく、本部としての体制も不十分な小規模フランチャイズの場合、加盟者が持つ経験やノウハウを上手く活用できるかどうかは、フランチャイズ展開の成否を左右する重大なポイントといえるのではないでしょうか。

この点、本部と加盟者間のコミュニケーションが質、量ともに高いレベルにあれば、フランチャイズシステムをブラッシュアップいくために必要な情報、例えば、加盟者の店舗における成功事例・失敗事例や店舗運営をする中での気づき、アイディア、本部に対する要望等が自然と本部に集まってきます。

このような加盟者の知恵を活用してフランチャイズシステムをブラッシュアップしていくことができれば、現代の厳しい経営環境も乗り越えていくことができるはずです。

加盟者の経営に伴走し、店舗収益の最大化に全力を尽くす

本部と加盟者が中長期的に信頼関係を維持・深化していこうと考えた時に、重要なポイントとなるのが「**加盟者の収益性**」です。というのも、**フランチャイズシステムの本質は、本部と加盟者で利益を分配する仕組みだからです。**

加盟者は、本部が開発したノウハウやサポート体制を用いてフランチャイズ事業を経営し、そこから生み出した利益の一部をロイヤリティ等として本部に支払います。そのため、**どれだけ理念やビジョンを共有できていたとしても、加盟者の利益が上がっていなければ、フランチャイズシステムは成り立たない**のです。

そして、本部が加盟者の収益性に対して少しでも不誠実な対応を見せれば、あっという間に両者の信頼関係は破綻してしまいます。私は加盟者側から本部に対する不満

を聞くこともありますが、その内容は、

- **本部の利益を優先して、加盟者の利益を後回しにしている**
- **本部からのサポートが一切ない**
- **本部に要望を出したり、悩みを相談したりしても、対応してくれない**

等といったように、そのほとんどが「加盟者の収益性に対して本部の対応が不誠実であること」が原因になっています。

裏を返せば、本部が加盟者と中長期的に信頼関係を維持・深化していこう考えるのであれば、加盟者の収益最大化に向けて全力でサポートをしていかなければならない、ということでもあります。

この実現のためには、本部として以下の2つのポイントを押さえて、継続的なサポート体制を整えておく必要があります。

1．加盟店舗の収益状況を常時モニタリングする

1つ目のポイントは、加盟者の収益状況を常に把握できるようモニタリングの仕組みを整備しておくことです。

加盟者の経営に伴走し、店舗収益の最大化に向けてサポートをしていくためには、その前提として、本部が加盟者の正確な収益状況を常に把握している状態にしておく必要があります。

具体的な方法としては、チェーン全店で業績管理システムを統一する方法や、月次損益計算書を毎月提出してもらう方法などが考えられるでしょう。

「売り上げだけ把握していればいいのでは？」と感じられる方もいらっしゃるかもしれませんが、売り上げは好調だったとしても、経費が適切に管理できておらず赤字、ということもあるのです。

例えば、私がフランチャイズのＳＶを担当していた時に、店舗の規模的に売り上げは十分あるにもかかわらず、ある時期から原価や人件費が膨らみ、利益がでなくなってしまった店舗がありました。

仮に本部が加盟店の売り上げしか把握していなかったとしたら、この加盟店は「収益的には問題なし」と判断され、本部から積極的にサポートする対象にはならなかったかもしれません。

一方、私が在籍していた本部では、加盟者から毎月、店舗の損益計算書を共有してもらうようにしていたため、利益がでなくなっている事実をすぐに把握することができました。

そして、本部の方から、加盟者に対して原価や人件費の管理に関する改善の提案やサポートを行うことができたのです。

加盟者の側からすれば、自分の店舗の収益アップのために本部から率先してサポートしてくれるわけですから、これほど嬉しいことはないでしょう。

自ずと本部に対する信頼感も増すことは間違いありません。

このように、加盟者の経営に伴走し、店舗収益の最大化に向けてサポートをしていくためにも、本部は加盟者の収益状況を常に把握できるようモニタリングの仕組みを整備しておかなければならないのです。

2．定期的な個別面談の場を用意する

2つ目のポイントは、加盟者の経営サポートをするための個別面談の場を定期的に用意することです。

本部と加盟者との信頼関係を維持・深化させていくためには、〝質の高い〟コミュニケーションを〝多く取る〟ことが重要であることはすでにお伝えした通りですが、周囲を気にする必要のない個別面談の場は、最も質の高いコミュニケーション機会といえます。

そのため、本部と加盟者との信頼関係を維持・深化させていく上で、個別面談は極めて有効な機会となります。

また、本部が店舗収益の最大化に向けてサポートをしていくためには、それぞれの店舗が置かれている状況や経営の方針等を正しく理解し、それらを踏まえて店舗毎に優先的に取り組むべきことを明らかにしていく必要があります。

これを1対多のコミュニケーションの場で実現することは不可能です。

加えて、加盟者の視点で考えても、個別に本部に対して悩みや不安を相談できる場があることは、心強く感じることでしょう。

定期的に悩みや不安を相談する中で、自ずと本部に対する信頼感も増してくるはずです。

これらのことから、本部は加盟者の経営サポートをするための個別面談の場を定期的に用意するべきなのです。

弊社では基本的に月に1回程度の頻度で、加盟者との個別面談の場を用意することを推奨しています。

これは、私の経験則でいっても、本部と加盟者間の信頼関係を中長期的に維持・深化させていくためには、月1回程度の頻度で個別の接触が必要だと考えているからです。

実施方法は、オンラインによる面談でも問題ありません。

「加盟者から相談があった時に対応すればいい」と感じる方もいらっしゃるかもしれません。

たしかに、そういう考え方もあるでしょう。しかし、加盟者によっては自分から本部に相談しないタイプの人もいるはずです。

そういったタイプの加盟者へのサポートが後手に回らないようにするためにも、月1回程度の頻度で、定期的に個別面談の場を用しておくべきです。

なお、「個別面談を誰が担当するか」という点ですが、前述の通り、個別面談の場は本部と加盟者との信頼関係を維持・深化させていく絶好の機会となるわけですから、加盟者の数が限られる小規模フランチャイズの場合には本部経営者が担当することがベストです。

ただしそれが難しい場合には、店舗の運営面だけではなく経営面についてもサポートができるエース級の人材に担当させるべきでしょう。

複数店舗経営は、本部と加盟者双方に多大なメリットがある

加盟者の店舗が軌道に乗ってきたら、本部としては加盟者に複数店舗経営を推奨していきましょう。というのも、**加盟者が複数店舗経営してくれることは、本部にとっても、加盟者にとっても大きなメリットがある**からです。具体的に確認していきましょう。

まず加盟者のメリットでいうと、第1章でもお伝えした通り「複数店舗経営することにより経営が安定化するメリット」が挙げられます。

基本的に、店舗ビジネスを経営するにあたり、1店舗経営の状態は経営基盤が脆弱で、リスクの高い状態といえます。

例えば、

- **余剰人員を抱える余裕がないため、急なスタッフの離職等が発生すると店舗運営に支障が生じ、業績が急低下する可能性がある**
- **経営する店舗周辺で環境変化が生じて店舗売上が低下すると、それがそのまま会社全体の業績悪化に直結する**

等、一つの問題が致命傷になる可能性があるのです。

この点、加盟者が複数店舗経営することによって、加盟者が抱えるリスクを抑制することができます。

例えば、加盟者が3店舗程度展開し、各店舗を黒字化することができれば、

- **収益的にも余剰人員を抱える余裕が生まれるため、急なスタッフの離職等が発生した場合にも余裕を持って対応することができる**
- **経営環境の変化により1店舗の業績が急落したとしても、他の2店舗でその分を補うことができる**

といったように、企業経営を安定化させていくことができるのです。

続いて、本部のメリットとしては、加盟店のマネジメントやサポートの効率が上昇するメリットが挙げられます。

例えば、1店舗を経営している加盟者が3名存在するケースと、3店舗を経営している加盟者が1名存在するケースを比較してみます。

店舗数は同じ3店舗です。

しかし、加盟店のマネジメントやサポートの効率は大きく変わります。

前者の場合、加盟店のマネジメントやサポートをするために3名のオーナーとコミュニケーションを取らなければなりません。

しかし、後者の場合、1名のオーナーとコミュニケーションを取れば良いことになります。**コミュニケーションコストは3倍もの違いが生じることになるのです。**

さらに、1店舗を経営している経営者と、3店舗を経営している経営者とでは、ノウハウの習得度や経験値にも大きな差があります。

1店舗経営の状態では、まだまだノウハウの習得度も経験値も不足しているため、本部はそのサポートに多くの手間がかかるはずです。

しかし、3店舗も経営する状態となれば、ノウハウの習得度も経験値もレベルアップしているため、1店舗経営の状態と比較すれば、サポートに必要な本部の手間は大きく減少しているはずです。本部が特にサポートをせずとも、加盟者が自らの力で店舗拡大を進めてくれることも期待できます。

このように、加盟者に複数店舗経営をしてもらうことは、本部、加盟者双方にとって大きなメリットを生むのです。だからこそ、本部としては加盟者の店舗が軌道に乗ってきたら、加盟者に複数店舗経営を促していくべきなのです。

トラブルが生じそうになった時も誠実に対応。安易に契約書やルールを持ち出さない

ここまで、本部と加盟者が理念やビジョンを共有し、盤石な信頼関係の下に事業展開していくための本部としてのあり方を様々な視点からご紹介してきました。

しかしながら、様々な考えを持つ加盟者が共同で事業展開するフランチャイズシステムの性質上、フランチャイズ展開を進めていく中で、本部と加盟者との間に生じるトラブルをゼロにすることは現実的に難しいでしょう。

万が一、トラブルが生じそうになった時に、本部経営者として注意しなければならないことがあります。それは、「**安易に契約書やルールを持ち出してはならない**」ということです。

加盟者には加盟者なりの考えや想いがあるのです。

それが本部の考えや思想と異なるからと言って、
「契約書で合意しているので……」
「これはルールですから……」
等といって、半ば強制的に本部の指示に従わせるような姿勢は、契約やルールとしては正しかったとしても、信頼関係をベースとするフランチャイズシステムを導入する本部の姿勢としては、あるべき姿とは言えないのではないでしょうか。

本部が仮にこのような対応をしてしまったとしたら、これまで長年かけて築き上げてきた本部と加盟者との信頼関係を、一瞬で台無しにしてしまう可能性さえあります。

本部と加盟者との間でトラブルが生じそうになった場合、本部としてははじめに取り組むべきことは、加盟者にも加盟者なりの考えや想いがあることを理解し、それらを十分に受け止めることでしょう。

その上で、本部の考えや想いも伝え、着地点を模索していくのです。

本部が誠実な姿勢で加盟者との対話を繰り返していけば、その中で双方が納得できる解決の道が見つかることもあるでしょう。もちろん、最終的には契約書やルールに基づいて解決しなければならなくなることもあるかもしれません。

しかし、はじめから契約書やルールを持ち出されるのと、対話を繰り返した結果、話がまとまらずにやむを得ず契約書やルールを持ち出されるのとでは、加盟者の感じ方も大きく変わるのではないでしょうか。

契約書やルールを持ち出すのは最終手段です。

まずは誠実な姿勢で、契約書やルールを持ち出す以外に本部としてトラブルを回避するためにできることに全力で取り組むべきでしょう。

「理念を共有した仲間」との小規模フランチャイズで、苦しい時代を乗り越える！

　第１章でもお伝えした通り、情報化や国際化、技術革新等の影響によって現代の経営環境はＶＵＣＡ化しており、企業経営を取り巻く環境は厳しさを増しています。

　実際、ここ数年を振り返ってみても、新型コロナウイルス感染症の世界的流行、外国為替市場における急速な円安の進行、国際的な物品の不足や原材料価格の上昇など、歴史に残る急激な環境変化がたびたび発生しています。

　ＶＵＣＡ化する現代の経営環境を考えると、世の中のあり方を大きく変える出来事は、今後も頻繁に発生するものと考えておくべきです。

　そのため、現代の企業が中長期的に事業を継続・拡大していくためには、環境の急激な変化に対応できる経営力を備えていく必要があります。

私は、そのための有効な手段の一つが、小規模にフランチャイズシステムを活用し、チェーン内に理念やビジョンを共有した経営者集団をつくりあげることだと確信しています。

フランチャイズシステムでは、本部の経営理念やビジョン、経営方針を共有した経営者が多数グループ内に参画してくれます。

これは、フランチャイズシステムの最大の強みです。

リスクを負った経営者は、誰よりも真剣に事業活動に取り組みます。

危機的状況であればあるほど力を発揮するのが経営者なのです。

直営店による展開の場合、経営者は本部経営者1名のみですが、フランチャイズシステムを活用することで、グループ内に理念やビジョンを共有した経営者集団が生まれます。

様々な経験やノウハウを持つ経営者が集まり、それぞれの経営者が意見や知恵を出し合って、一致団結してグループの発展に取り組んでいくことができるのです。

急激な環境変化によって苦境に立たされた時にも、この理念を共有した経営者集団が全力で危機に立ち向かっていくわけですから、直営チェーンと比較すればその優位性は明白ではないでしょうか。

これまで、フランチャイズシステムは主に店舗を拡大するための手段として活用されてきました。しかし、ＶＵＣＡ化する現代は、環境変化に適応できる経営力を身につけるために、フランチャイズシステムを活用していくべきなのです。

本書をお読みいただいた経営者の方々が、自分に合った規模感でフランチャイズシステムを活用し、現代の厳しい経営環境を、理念を共有した経営者集団とともに乗り越えていかれることを心より祈念しております。

あとがき

最後まで本書をお読みいただきありがとうございます。

本書では、従来のフランチャイズシステムに対する一般的なイメージとは一線を画す、「1店舗経営の小規模企業でも導入できるフランチャイズシステムのあり方」をご紹介してきました。

本書をお読みいただいて、

「フランチャイズシステムの導入にチャレンジしよう！」

「こんなフランチャイズ展開の考え方があったのか！」

等と感じてくださる方がいれば、著者として大変嬉しく思います。

ここ最近、「フランチャイズシステムを導入したい」と考える経営者が、以前と比べるとずいぶんと増えてきた印象です。

実際、弊社で開催しているフランチャイズシステムの作り方や運用のポイントを解説するセミナーも、ここ数年、参加者は増加の一途です。

そして、フランチャイズシステムを会社のビジョンや規模に合わせて上手に活用し、加盟者と盤石な信頼関係を築いて、グループ全体で発展していく姿を目の当たりにすると、**「店舗ビジネスの発展には、フランチャイズシステムが不可欠だ」**と改めて実感させられます。

フランチャイズ本部と加盟者間の争いがメディアで頻繁に取り上げられることもあり、フランチャイズシステムに対してネガティブなイメージを持つ方も多いでしょう。

私自身も、会社員としてフランチャイズ本部で働いている時には、フランチャイズシステムに対してネガティブなイメージを持っていました。

しかし、フランチャイズシステムのあり方を長年探求し続けた結果、**フランチャイズ本部と加盟者間に争いが発生するのは、フランチャイズシステムそのものに問題があるのではなく、フランチャイズシステムの活用方法に問題がある**、という結論にたどり着きました。

本書でも紹介した通り、様々な経験やノウハウを持つ経営者が集まり、それぞれの経営者が資本だけではなく、意見や知恵を出し合って、一致団結してグループの発展に取り組んでいくことができるフランチャイズシステムは、不確実性の高まる今の時代を乗り越える上で、最高のツールだと感じます。

大切なのは、フランチャイズシステムの使い方です。

本書では、主に小規模にフランチャイズシステムを活用するための方法論や本部に求められる姿勢を解説してきましたが、ほとんどの内容は、大規模展開を目指す場合にも共通するものです。

是非、正しい姿勢でフランチャイズシステムを活用し、現代の厳しい経営環境を切り開いていってほしいと思います。

正しい姿勢でフランチャイズシステムを活用する本部が増えていくことで、フランチャイズに対する世間のイメージが変わり、結果、より多くの会社にフランチャイズシステムの有用性が広まっていくのではないかと考えます。

本書がその一助となれば幸いです。

当社も、今後も継続的に、その時代における理想的なフランチャイズシステムのあり方を探求し、その内容をホームページやセミナー、YouTube等を通じて発信し続けていく所存です。本書と併せてご活用いただければと思います。

最後に、本書の出版に際してご尽力いただきました関係各位に、心より感謝申し上げます。ありがとうございました。

参考文献

『21世紀型「のれん分け」ビジネスの教科書』高木　悠著　自由国民社

『新版フランチャイズ本部構築ガイドブック』東京都中小企業診断士協会フランチャイズ研究会著　同友館

『改訂版　フランチャイズ契約の実務と書式』神田　孝著　三協法規出版

髙木 悠（たかき ゆう）

店舗ビジネス専門コンサルタント
株式会社 常進パートナーズ 代表取締役

飲食店、整体院、美容院など「店舗ビジネス」の「多店舗展開」を加速させる専門家。

「最速最短で年商30億・店舗数30超を実現する実証されたノウハウ」をコンセプトに、独立支援制度（のれん分け制度）構築、フランチャイズ本部立ち上げ・立て直し、人事評価制度整備など、店舗ビジネスの店舗展開に特化したコンサルティングを行っている。

新卒で大手外食フランチャイズチェーンに入社後、20代でフランチャイズ加盟店のスーパーバイザーに抜擢されるものの、リーマンショック不況に対して何ら対策を講じることができず、担当企業５社の倒産を目の当たりに。自らの力不足を痛感する。

その経験から、経営の専門知識を身につける必要があると考え、経営コンサルタントの国家資格である中小企業診断士資格を取得。現場経験に加え、経営理論に基づいた経営指導を展開し、チェーン最優秀店舗を輩出するまでに成長を遂げる。

その後、店舗ビジネスの発展には「会社の収益性向上」と「社員が夢と希望をもって働ける環境整備」を両立させることが不可欠であることに気が付き、それをより多くの企業に展開すべく、店舗ビジネスの専門コンサルティング機関である株式会社 常進パートナーズを設立。これまでに延べ500社以上の企業支援に携わる。

「“企業が高収益を生み出すための仕組み作り”と“社員が誇りを持って働ける環境作り”をサポートすることで、“店舗ビジネスの社会的地位の向上に貢献すること”」を基本理念に、日々企業支援に尽力している。YouTube「JOHSHIN ちゃんねる」にメイン出演中。

千葉県生まれ、立教大学卒業。

株式会社常進パートナーズ ホームページ
最新のセミナー情報等を発信しています。店舗ビジネス経営者向けのお役立ちブログも定期更新しています。
https://johshin.co.jp/

公式 YouTube チャンネル
フランチャイズ、独立支援制度（のれん分け制度）、店舗ビジネス経営等をテーマにしたノウハウ動画を定期更新しています。
https://www.youtube.com/channel/UCAY5hfQy2cBG7l3dcZb79Hg